Digitales Marketing
für Immobilienunternehmen

Sebastian Römischer

Inhalt

Inhalt	**2**
Einleitung	**6**
Warum digitales Marketing für Immobilienunternehmen wichtig ist	6
Ziele des Buches	8
Digitales Marketing	**10**
Definition von digitalem Marketing	10
Warum digitales Marketing besser ist als traditionelles Marketing	12
Vorteile von digitalem Marketing für Immobilienunternehmen	14
Social-Media-Marketing	**17**
Einführung in Social-Media-Marketing	17
Warum Social-Media-Marketing wichtig ist für Immobilienunternehmen	19
Social-Media-Plattformen, die Immobilienunternehmen nutzen sollten	21
Best Practices für Social-Media-Marketing im Immobilienbereich	23
Suchmaschinenoptimierung (SEO)	**26**
Einführung in SEO	26
Warum SEO wichtig ist für Immobilienunternehmen	27
Keyword-Recherche und -Optimierung für Immobilienunternehmen	29
On-Page- und Off-Page-Optimierung	

Digitales Marketing für Immobilienunternehmen

für Immobilienunternehmen	31
Best Practices für SEO im Immobilienbereich	33
E-Mail-Marketing	**35**
Einführung in E-Mail-Marketing	35
Warum E-Mail-Marketing wichtig ist für Immobilienunternehmen	37
Aufbau einer E-Mail-Liste für Immobilienunternehmen	39
Erstellung und Versand von E-Mail-Kampagnen für Immobilienunternehmen	40
Best Practices für E-Mail-Marketing im Immobilienbereich	42
Influencer-Marketing	**45**
Einführung in Influencer-Marketing	45
Warum Influencer-Marketing wichtig ist für Immobilienunternehmen	47
Identifizierung und Auswahl von Influencern im Immobilienbereich	48
Zusammenarbeit mit Influencern für Immobilienunternehmen	50
Best Practices für Influencer-Marketing im Immobilienbereich	52
Content-Marketing	**55**
Einführung in Content-Marketing	55
Warum Content-Marketing wichtig ist für Immobilienunternehmen	57
Content-Ideen und -Formate für Immobilienunternehmen	58
Erstellung und Verbreitung von Content für Immobilienunternehmen	61

Digitales Marketing für Immobilienunternehmen

Best Practices für Content-Marketing
im Immobilienbereich 64
Online-PR **67**
   Einführung in Online-PR 67
   Warum Online-PR wichtig ist für Immobilienunternehmen 68
   Erstellung einer Online-PR-Strategie
   für Immobilienunternehmen 70
   Verbreitung von Online-PR für Immobilienunternehmen 74
   Best Practices für Online-PR im Immobilienbereich 77
Affiliate-Marketing **81**
   Einführung in Affiliate-Marketing 81
   Warum Affiliate-Marketing wichtig ist
   für Immobilienunternehmen 83
   Identifizierung und Auswahl von Affiliates
   im Immobilienbereich 85
   Zusammenarbeit mit Affiliates
   für Immobilienunternehmen 87
   Best Practices für Affiliate-Marketing
   im Immobilienbereich 89
Video-Marketing **91**
   Einführung in Video-Marketing 91
   Warum Video-Marketing wichtig ist
   für Immobilienunternehmen 93
   Erstellung von Video-Inhalten für Immobilienunternehmen .. 95
   Verbreitung von Video-Inhalten
   für Immobilienunternehmen 97
   Best Practices für Video-Marketing im Immobilienbereich .. 101

Digitales Marketing für Immobilienunternehmen

Mobile-Marketing   **103**
- Einführung in Mobile-Marketing   103
- Warum Mobile-Marketing wichtig ist für Immobilienunternehmen   105
- Mobile-Optimierung von Websites und Apps für Immobilienunternehmen   107
- Erstellung von Mobile-Kampagnen für Immobilienunternehmen   109
- Best Practices für Mobile-Marketing im Immobilienbereich   110

Webanalyse   **113**
- Einführung in Webanalyse   113
- Warum Webanalyse wichtig ist für Immobilienunternehmen   115
- Tools und Metriken für die Webanalyse von Immobilienunternehmen   117
- Interpretation und Nutzung von Webanalyse-Daten für Immobilienunternehmen   119
- Best Practices für die Webanalyse im Immobilienbereich   120

Zusammenfassung   **123**
- Ausblick auf die Zukunft des digitalen Marketings im Immobilienbereich   125

Anhang   **129**
- Glossar   129
- Quellenverzeichnis   131

Sebastian Römischer

Digitales Marketing für Immobilienunternehmen

Einleitung

Warum digitales Marketing für Immobilienunternehmen wichtig ist

In der heutigen digitalen Welt ist es für Immobilienunternehmen unerlässlich, eine starke Online-Präsenz zu haben. Digitales Marketing bietet eine Vielzahl von Möglichkeiten, um potenzielle Kunden zu erreichen und zu überzeugen, ein bestimmtes Immobilienprodukt oder -dienstleistung zu kaufen oder zu mieten.

Eine der wichtigsten Strategien im digitalen Marketing ist Social-Media-Marketing. Social-Media-Plattformen wie Facebook, Instagram und Twitter sind ideale Orte, um Immobilienfirmen und ihre Produkte zu präsentieren. Durch regelmäßige Posts und Interaktionen mit Followern können Immobilienunternehmen Vertrauen aufbauen und ihre Markenbekanntheit steigern.

Suchmaschinenoptimierung (SEO) ist eine weitere wichtige Strategie im digitalen Marketing. Durch die Optimierung ihrer Website und Inhalte können Immobilienunternehmen sicherstellen, dass ihre Website bei relevanten Suchanfragen auf den oberen Positionen der Suchergebnisse erscheint. Dies erhöht die Wahrscheinlichkeit, dass potenzielle Kunden auf ihre Website klicken und sich für ihre Produkte oder Dienstleistungen interessieren.

Sebastian Römischer

Digitales Marketing für Immobilienunternehmen

E-Mail-Marketing ist eine weitere effektive Möglichkeit, um potenzielle Kunden anzusprechen. Durch das Sammeln von E-Mail-Adressen können Immobilienunternehmen gezielte E-Mails mit relevanten Informationen und Angeboten an Interessenten senden. Dadurch können sie potenzielle Kunden auf ihre Produkte aufmerksam machen und sie dazu ermutigen, weitere Informationen zu erhalten oder sich für eine Besichtigung anzumelden.

Influencer-Marketing ist eine relativ neue Strategie im digitalen Marketing, die jedoch bereits von vielen Immobilienunternehmen erfolgreich eingesetzt wird. Durch die Zusammenarbeit mit Influencern können Immobilienunternehmen ihre Zielgruppe auf eine authentische und ansprechende Weise ansprechen.

Content-Marketing ist eine weitere wichtige Strategie im digitalen Marketing für Immobilienunternehmen. Durch die Erstellung von nützlichen und relevanten Inhalten wie Blog-Posts, Infografiken und Videos können Immobilienunternehmen ihre Zielgruppe informieren und überzeugen.

Online-PR und Affiliate-Marketing sind weitere Strategien im digitalen Marketing, die von Immobilienunternehmen genutzt werden können, um ihre Markenbekanntheit zu steigern und potenzielle Kunden anzusprechen.

Video-Marketing und Mobile-Marketing sind ebenfalls wichtige Strategien im digitalen Marketing für Immobilienunternehmen. Durch die Erstellung von ansprechenden Videos und die Optimierung ihrer Website für mobile

Sebastian Römischer

Digitales Marketing für Immobilienunternehmen

Geräte können Immobilienunternehmen sicherstellen, dass ihre Zielgruppe ihre Inhalte auf eine bequeme und ansprechende Weise konsumieren kann.

Schließlich ist Webanalyse eine wichtige Strategie im digitalen Marketing für Immobilienunternehmen. Durch die Analyse von Website-Traffic, Conversions und anderen Metriken können Immobilienunternehmen ihre Marketingstrategien anpassen und optimieren, um bessere Ergebnisse zu erzielen.

Fazit

Insgesamt ist digitales Marketing für Immobilienunternehmen unerlässlich, um ihre Zielgruppe zu erreichen, ihre Marke zu stärken und potenzielle Kunden zu überzeugen. Durch die Nutzung der oben genannten Strategien können Immobilienunternehmen sicherstellen, dass sie im heutigen digitalen Markt wettbewerbsfähig bleiben und erfolgreich sind.

Ziele des Buches

Das Ziel des Buches "Digitales Marketing für Immobilienunternehmen" ist es, Immobilienunternehmen dabei zu helfen, ihre Online-Präsenz zu verbessern und ihre Marketingstrategien zu optimieren. Das Buch richtet sich an Real Estate Agencies, Real Estate Agents, Home Manufacturers, Construction Industry, Builders und Property Owners, die ihre digitale Marketingstrategie verbessern möchten.

Sebastian Römischer

Digitales Marketing für Immobilienunternehmen

Das Buch behandelt verschiedene Themen, wie Digital Marketing, Social-Media-Marketing, Suchmaschinenoptimierung (SEO), E-Mail-Marketing, Influencer-Marketing, Content-Marketing, Online-PR, Affiliate-Marketing, Video-Marketing, Mobile-Marketing und Webanalyse. Die Leser werden in die Grundlagen dieser Bereiche eingeführt und erfahren, wie sie diese Techniken erfolgreich in ihre Marketingstrategie implementieren können.

In jedem Kapitel werden die wichtigsten Aspekte des jeweiligen Themas erläutert und Best Practices vorgestellt. Die Leser erhalten praktische Tipps und Anleitungen, wie sie ihre Online-Präsenz verbessern und ihre Zielgruppe effektiver erreichen können.

Das Buch bietet auch eine umfassende Einführung in die Welt des Digital Marketings für Immobilienunternehmen. Es zeigt, wie man eine erfolgreiche Marketingstrategie entwickelt und wie man die verschiedenen Marketingkanäle erfolgreich nutzt, um die Ziele des Unternehmens zu erreichen.

Fazit

Zusammenfassend ist das Ziel des Buches, Immobilienunternehmen dabei zu helfen, ihre digitale Marketingstrategie zu verbessern und ihre Zielgruppe effektiver zu erreichen. Es bietet eine umfassende Einführung in die Welt des Digital Marketings für Immobilienunternehmen und gibt praktische Tipps und Anleitungen für den Einsatz von verschiedenen

Sebastian Römischer

Digitales Marketing für Immobilienunternehmen

Marketingkanälen.

Digitales Marketing

Definition von digitalem Marketing

Digitales Marketing ist eine Marketingstrategie, die digitale Technologien nutzt, um Produkte oder Dienstleistungen zu bewerben und zu verkaufen. Es umfasst alle Marketingaktivitäten, die über digitale Kanäle wie das Internet, Social Media, E-Mail oder mobile Geräte durchgeführt werden.

Digitales Marketing hat sich in den letzten Jahren zu einem wichtigen Instrument für Immobilienunternehmen entwickelt, um potenzielle Kunden zu erreichen und zu binden. Die Vorteile von digitalem Marketing sind zahlreich, da es Unternehmen ermöglicht, gezielt auf ihre Zielgruppe einzugehen und eine höhere Reichweite zu erzielen.

Social-Media-Marketing ist ein wichtiger Bestandteil des digitalen Marketings. Es nutzt Social-Media-Plattformen wie Facebook, Instagram oder Twitter, um Inhalte zu teilen, Kundenfeedback zu erhalten und die Interaktion mit Kunden zu fördern.

Suchmaschinenoptimierung (SEO) ist ein weiterer wichtiger Aspekt des digitalen Marketings. Es umfasst die Optimierung der Website und des Inhalts, um in Suchmaschinen besser gefunden zu werden. Eine gute

Digitales Marketing für Immobilienunternehmen

Platzierung in den Suchergebnissen kann zu mehr Traffic auf der Website und damit zu mehr potenziellen Kunden führen.

E-Mail-Marketing ist eine weitere effektive Methode des digitalen Marketings. Es umfasst den Versand von E-Mails an Kunden, um sie über Angebote, Neuigkeiten oder Events zu informieren. Eine gut gestaltete E-Mail-Kampagne kann zu einer höheren Kundenbindung und einer Steigerung des Umsatzes führen.

Influencer-Marketing nutzt die Reichweite von Influencern, um Produkte oder Dienstleistungen zu bewerben. Immobilienunternehmen können Influencer nutzen, um ihr Angebot zu präsentieren und ihre Zielgruppe zu erreichen.

Content-Marketing umfasst die Erstellung von Inhalten wie Blog-Beiträgen, Videos oder Infografiken, um Kunden zu informieren und zu unterhalten. Eine gute Content-Marketing-Strategie kann zu einer höheren Reichweite und einer höheren Kundenbindung führen.

Online-PR nutzt Online-Medien wie Blogs oder Online-Magazine, um das Image des Unternehmens zu verbessern und Kunden zu gewinnen.

Affiliate-Marketing nutzt Partnerprogramme, um Kunden zu gewinnen. Immobilienunternehmen können Partnerprogramme nutzen, um ihre Produkte oder Dienstleistungen durch andere Websites zu bewerben und Kunden zu gewinnen.

Sebastian Römischer

Digitales Marketing für Immobilienunternehmen

Video-Marketing nutzt Videos, um Produkte oder Dienstleistungen zu bewerben. Immobilienunternehmen können Videos nutzen, um ihre Immobilien zu präsentieren und potenzielle Kunden zu gewinnen.

Mobile-Marketing nutzt mobile Geräte wie Smartphones oder Tablets, um Kunden zu erreichen. Eine mobile-freundliche Website kann zu einer höheren Kundenbindung und einer höheren Reichweite führen.

Webanalyse ist ein wichtiger Bestandteil des digitalen Marketings. Es umfasst die Analyse von Daten wie Traffic, Conversions oder Kundenverhalten, um die Marketingstrategie zu optimieren.

Fazit

Insgesamt bietet digitales Marketing eine Vielzahl von Möglichkeiten, um Immobilienunternehmen bei der Kundengewinnung und Kundenbindung zu unterstützen. Eine gut durchdachte Marketingstrategie kann zu einer höheren Reichweite, einer höheren Kundenbindung und einem höheren Umsatz führen.

Warum digitales Marketing besser ist als traditionelles Marketing

Die Zeiten haben sich geändert und die Verbraucher haben sich ebenfalls verändert. Während traditionelles Marketing immer noch eine wichtige Rolle für Unternehmen spielt, ist digitales Marketing heute unverzichtbar

Sebastian Römischer

Digitales Marketing für Immobilienunternehmen

geworden. Digitales Marketing bietet eine Vielzahl von Vorteilen, die traditionelles Marketing nicht bieten kann.

Digitales Marketing ist kosteneffektiver

Ein großer Vorteil von digitalem Marketing ist, dass es kosteneffektiver ist als traditionelles Marketing. Unternehmen können ihre Zielgruppe online erreichen, ohne hohe Kosten für TV- oder Radiowerbung, Printanzeigen oder Flyer zu zahlen. Zudem ermöglicht digitales Marketing eine bessere Zielgruppenanalyse und eine gezielte Ansprache.

Digitales Marketing ist messbar

Digitales Marketing bietet die Möglichkeit, die Effektivität der Kampagnen zu messen und zu analysieren. Unternehmen können die Reaktionen ihrer Zielgruppe auf ihre Marketingaktivitäten mit Hilfe von Webanalyse-Tools genau verfolgen und analysieren. Dies ermöglicht es Unternehmen, ihre Kampagnen zu optimieren und ihre Marketingstrategien zu verbessern.

Digitales Marketing ist flexibler

Digitales Marketing ermöglicht es Unternehmen, schnell auf Änderungen im Markt und auf die Zielgruppe zu reagieren. Im Vergleich zu traditionellem Marketing, bei dem Anzeigen oder Flyer erstellt werden müssen, können digitale Kampagnen innerhalb von Minuten geändert oder angepasst werden. Unternehmen können ihre Zielgruppe auf

Sebastian Römischer

Digitales Marketing für Immobilienunternehmen

verschiedenen Kanälen ansprechen und somit eine größere Reichweite erzielen.

Digitales Marketing bietet eine höhere Reichweite

Digitales Marketing bietet eine höhere Reichweite als traditionelles Marketing. Mit der Verbreitung von Smartphones und der Nutzung von sozialen Medien ist es für Unternehmen einfacher geworden, ihre Zielgruppe online zu erreichen. Unternehmen können ihre Zielgruppe auf verschiedenen Kanälen ansprechen und somit eine höhere Reichweite erzielen.

Fazit

Digitales Marketing bietet für Unternehmen viele Vorteile im Vergleich zu traditionellem Marketing. Es ist kosteneffektiver, messbar, flexibler und bietet eine höhere Reichweite. Unternehmen sollten digitales Marketing in ihre Marketingstrategien integrieren, um ihre Zielgruppe effektiver zu erreichen und ihre Geschäfte zu steigern.

Vorteile von digitalem Marketing für Immobilienunternehmen

In der heutigen digitalen Welt ist es für Immobilienunternehmen unerlässlich, ihre Marketingstrategien auf digitale Medien auszurichten. Digitales Marketing bietet zahlreiche Vorteile gegenüber traditionellen

Digitales Marketing für Immobilienunternehmen

Marketingmethoden und kann dazu beitragen, die Reichweite und den Erfolg eines Immobilienunternehmens zu steigern. Im Folgenden werden einige der wichtigsten Vorteile von digitalem Marketing für Immobilienunternehmen aufgeführt.

1. **Digitales Marketing ermöglicht eine gezielte Ansprache der Zielgruppe.**

Eine der wichtigsten Vorteile von digitalem Marketing ist die Möglichkeit, die Zielgruppe genau zu definieren und gezielt anzusprechen. Durch die Verwendung von Suchmaschinenoptimierung (SEO) und Social-Media-Marketing können Immobilienunternehmen sicherstellen, dass ihre Botschaften von den richtigen Personen gesehen werden. Dies führt zu einer höheren Konversionsrate und einem höheren Return on Investment (ROI).

2. **Digitales Marketing ist kosteneffektiv.**

Im Vergleich zu traditionellen Marketingmethoden ist digitales Marketing in der Regel deutlich kosteneffektiver. Durch die Verwendung von E-Mail-Marketing, Content-Marketing und Online-PR können Immobilienunternehmen ihre Botschaften an eine breite Zielgruppe senden, ohne hohe Kosten für Printwerbung oder Fernsehwerbung zu tragen.

Digitales Marketing für Immobilienunternehmen

3. **Digitales Marketing bietet eine höhere Reichweite.**

Im Gegensatz zu traditionellen Marketingmethoden, die sich auf eine bestimmte geografische Region beschränken können, bietet digitales Marketing eine viel größere Reichweite. Durch die Verwendung von Video-Marketing und Influencer-Marketing können Immobilienunternehmen potenzielle Kunden auf der ganzen Welt ansprechen und so ihre Reichweite und ihren Einfluss erhöhen.

4. **Digitales Marketing ermöglicht eine bessere Analyse und Optimierung.**

Eine der größten Stärken des digitalen Marketings ist die Möglichkeit, Kampagnen in Echtzeit zu analysieren und zu optimieren. Durch die Verwendung von Webanalyse-Tools können Immobilienunternehmen genau sehen, welche Kampagnen funktionieren und welche nicht. Dies ermöglicht es ihnen, ihre Marketingstrategien entsprechend anzupassen und zu verbessern.

5. **Digitales Marketing bietet eine höhere Flexibilität.**

Im Gegensatz zu traditionellen Marketingmethoden, die oft langfristige Verpflichtungen erfordern, bietet digitales Marketing eine höhere Flexibilität. Immobilienunternehmen können ihre Marketingstrategien schnell anpassen und ändern, um auf Veränderungen in der Branche oder auf Kundenbedürfnisse zu reagieren.

Digitales Marketing für Immobilienunternehmen

Fazit

Insgesamt bietet digitales Marketing eine Vielzahl von Vorteilen für Immobilienunternehmen. Durch die Verwendung von digitalen Marketingmethoden können sie ihre Reichweite erhöhen, ihre Zielgruppe gezielt ansprechen und ihre Marketingstrategien kontinuierlich optimieren. Immobilienunternehmen, die digitales Marketing nutzen, sind in der Lage, sich von der Konkurrenz abzuheben und ihr Geschäft auf die nächste Stufe zu bringen.

Social-Media-Marketing

Einführung in Social-Media-Marketing

Social-Media-Marketing ist eine effektive Methode, um Ihr Immobilienunternehmen bekannter zu machen, Ihre Reichweite zu erhöhen und potenzielle Kunden zu erreichen. Es geht darum, soziale Netzwerke wie Facebook, Twitter, Instagram, LinkedIn oder YouTube zu nutzen, um Ihre Zielgruppe anzusprechen.

Wenn Sie sich für Social-Media-Marketing entscheiden, sollten Sie eine Strategie entwickeln, die zu Ihrer Marke, Ihrem Unternehmen und Ihrer Zielgruppe passt. Identifizieren Sie die Plattformen, auf denen Ihre Zielgruppe aktiv ist, und erstellen Sie Inhalte, die für sie relevant und ansprechend sind.

Digitales Marketing für Immobilienunternehmen

Ein wichtiger Aspekt des Social-Media-Marketings ist die Interaktion mit Ihrer Zielgruppe. Beantworten Sie Fragen, reagieren Sie auf Kommentare und zeigen Sie Interesse an Ihren Followern. Dies fördert das Engagement und das Vertrauen in Ihre Marke.

Es gibt verschiedene Arten von Inhalten, die Sie auf Social-Media-Plattformen veröffentlichen können, wie z.B. Bilder, Videos, Links und Texte. Wichtig ist, dass Ihre Inhalte ansprechend und relevant sind und Ihre Zielgruppe ansprechen. Vermeiden Sie es, zu werblich zu sein, und setzen Sie stattdessen auf authentische, informative und unterhaltsame Inhalte.

Eine weitere Möglichkeit, um Ihre Reichweite auf Social-Media-Plattformen zu erhöhen, ist die Nutzung von Hashtags. Verwenden Sie relevante Hashtags, um Ihre Beiträge für eine größere Zielgruppe sichtbar zu machen. Eine gute Möglichkeit, dies zu erreichen, ist die Teilnahme an Hashtag-Challenges oder Wettbewerben.

Social-Media-Werbung ist auch eine Option, um Ihre Zielgruppe zu erreichen. Sie können gezielte Anzeigen schalten, um Ihre Marke oder Ihre Angebote zu bewerben. Es gibt verschiedene Möglichkeiten, wie Sie Ihre Anzeigen ausrichten können, wie z.B. nach Standort, Interessen oder demografischen Merkmalen.

Abschließend ist Social-Media-Marketing eine wertvolle Ergänzung zu Ihrer digitalen Marketingstrategie. Es bietet die Möglichkeit, Ihre Zielgruppe anzusprechen und zu engagieren, Ihre Reichweite zu erhöhen

Sebastian Römischer

Digitales Marketing für Immobilienunternehmen

und Ihre Marke bekannter zu machen. Wenn Sie eine klare Strategie haben und ansprechende Inhalte erstellen, können Sie erfolgreich sein und Ihre Ziele erreichen.

Warum Social-Media-Marketing wichtig ist für Immobilienunternehmen

In der heutigen digitalen Welt ist Social-Media-Marketing ein wichtiger Bestandteil jeder erfolgreichen Marketingstrategie. Auch für Immobilienunternehmen ist Social-Media-Marketing von entscheidender Bedeutung, um die Markenbekanntheit zu steigern, Kunden zu gewinnen und langfristige Beziehungen aufzubauen.

Ein wichtiger Vorteil von Social-Media-Marketing ist die Möglichkeit, Zielgruppen gezielt anzusprechen. Immobilienunternehmen können ihre Inhalte und Werbung so gestalten, dass sie genau auf die Bedürfnisse und Interessen ihrer Zielgruppen zugeschnitten sind. Durch die Nutzung von Social-Media-Plattformen wie Facebook, Twitter, Instagram und LinkedIn können Immobilienunternehmen ihre Reichweite maximieren und einen direkten Kontakt zu ihren Zielgruppen herstellen.

Ein weiterer Vorteil von Social-Media-Marketing ist die Möglichkeit, eine starke Online-Präsenz aufzubauen. Durch regelmäßige Posts und Interaktionen mit den Followern können Immobilienunternehmen ihre Marke stärken und das Vertrauen ihrer Zielgruppen gewinnen. Eine starke Online-Präsenz kann auch dazu beitragen, die Suchmaschinenoptimierung

Sebastian Römischer

Digitales Marketing für Immobilienunternehmen

(SEO) zu verbessern, da Social-Media-Beiträge in den Suchergebnissen angezeigt werden können.

Social-Media-Marketing bietet auch eine hervorragende Möglichkeit, Inhalte zu teilen und virale Kampagnen zu starten. Immobilienunternehmen können hochwertige Bilder und Videos ihrer Immobilien teilen, um potenzielle Kunden anzusprechen. Durch die Zusammenarbeit mit Influencern können Immobilienunternehmen auch eine größere Reichweite erzielen und ihre Marke einem breiteren Publikum bekannt machen.

Neben der Stärkung der Markenbekanntheit und Kundenbindung bietet Social-Media-Marketing auch eine kosteneffektive Möglichkeit, Leads zu generieren. Durch die Nutzung von Social-Media-Anzeigen können Immobilienunternehmen gezielte Werbung schalten, um Leads zu generieren und potenzielle Kunden zu gewinnen.

Fazit

Zusammenfassend lässt sich sagen, dass Social-Media-Marketing für Immobilienunternehmen unverzichtbar ist. Es bietet eine effektive Möglichkeit, die Markenbekanntheit zu steigern, Kunden zu gewinnen und langfristige Beziehungen aufzubauen. Durch die Nutzung von Social-Media-Plattformen können Immobilienunternehmen ihre Reichweite maximieren, eine starke Online-Präsenz aufbauen und kosteneffektiv Leads generieren.

Sebastian Römischer

Digitales Marketing für Immobilienunternehmen

Social-Media-Plattformen, die Immobilienunternehmen nutzen sollten

Social-Media-Marketing ist ein wichtiger Bestandteil des digitalen Marketings und hat in den letzten Jahren stark an Bedeutung gewonnen. Auch für Immobilienunternehmen bieten Social-Media-Plattformen eine hervorragende Möglichkeit, um ihre Zielgruppe zu erreichen und sich von der Konkurrenz abzuheben. Welche Social-Media-Plattformen sollten Immobilienunternehmen nutzen?

1. **Facebook**

Facebook ist die größte Social-Media-Plattform weltweit und bietet für Immobilienunternehmen viele Möglichkeiten, um ihre Zielgruppe zu erreichen. Mit Facebook können Immobilienunternehmen ihre Dienstleistungen und Angebote bewerben, Inhalte teilen und ihre Zielgruppe auf dem Laufenden halten.

2. **Instagram**

Instagram ist eine der beliebtesten Social-Media-Plattformen und eignet sich ideal für Immobilienunternehmen, um ihre Projekte und Immobilien zu präsentieren. Mit visuellen Inhalten können Immobilienunternehmen ihre Zielgruppe inspirieren und begeistern.

Digitales Marketing für Immobilienunternehmen

3. **LinkedIn**

LinkedIn ist eine business-orientierte Social-Media-Plattform und eignet sich besonders für Immobilienunternehmen, die sich an Geschäftskunden richten. Mit LinkedIn können Immobilienunternehmen ihre Dienstleistungen und Projekte bewerben und ihre Expertise in der Branche unterstreichen.

4. **YouTube**

YouTube ist die zweitgrößte Suchmaschine weltweit und bietet für Immobilienunternehmen eine hervorragende Möglichkeit, um ihre Angebote und Projekte in Form von Videos zu präsentieren. Mit YouTube können Immobilienunternehmen ihre Zielgruppe inspirieren und informieren.

5. **Twitter**

Twitter ist eine schnelle und effektive Methode, um Nachrichten und Updates zu teilen. Immobilienunternehmen können Twitter nutzen, um ihre Zielgruppe auf dem Laufenden zu halten und auf aktuelle Angebote und Projekte aufmerksam zu machen.

Digitales Marketing für Immobilienunternehmen

Fazit

Social-Media-Marketing ist ein wichtiger Bestandteil des digitalen Marketings für Immobilienunternehmen. Die genannten Social-Media-Plattformen bieten für Immobilienunternehmen viele Möglichkeiten, um ihre Zielgruppe zu erreichen und sich von der Konkurrenz abzuheben. Es ist wichtig, die richtigen Plattformen zu wählen, um die gewünschte Zielgruppe zu erreichen und eine erfolgreiche Social-Media-Strategie umzusetzen.

Best Practices für Social-Media-Marketing im Immobilienbereich

Social-Media-Marketing ist ein wichtiger Bestandteil des digitalen Marketings im Immobilienbereich. Es ermöglicht es Unternehmen, mit ihrer Zielgruppe in Kontakt zu treten, ihre Markenbekanntheit zu steigern, Leads zu generieren und ihre Kundenbindung zu verbessern. In diesem Kapitel werden einige Best Practices für Social-Media-Marketing im Immobilienbereich vorgestellt.

1. Zielgruppenanalyse

Bevor Sie mit Social-Media-Marketing beginnen, sollten Sie Ihre Zielgruppe genau kennen. Wer sind Ihre potenziellen Kunden? Was sind ihre Bedürfnisse und Interessen? Welche Social-Media-Plattformen nutzen sie?

Digitales Marketing für Immobilienunternehmen

Eine gründliche Zielgruppenanalyse hilft Ihnen, Ihre Social-Media-Strategie zu planen und Ihre Inhalte entsprechend anzupassen.

2. **Plattformauswahl**

Es gibt eine Vielzahl von Social-Media-Plattformen, auf denen Sie aktiv werden können. Facebook, Twitter, Instagram und LinkedIn sind die bekanntesten und beliebtesten Plattformen. Sie sollten jedoch nur die Plattformen wählen, die für Ihre Zielgruppe relevant sind und auf denen Sie Ihre Ziele am besten erreichen können.

3. **Content-Strategie**

Eine gute Content-Strategie ist der Schlüssel zu erfolgreichem Social-Media-Marketing. Sie sollten regelmäßig hochwertige und relevante Inhalte erstellen, die Ihre Zielgruppe ansprechen und ihr Mehrwert bieten. Dies können Blogartikel, Infografiken, Videos oder Bilder sein.

4. **Engagement und Interaktion**

Social-Media ist eine Plattform für Interaktion und Engagement. Sie sollten aktiv auf Kommentare und Nachrichten Ihrer Follower reagieren und mit ihnen in Dialog treten. Dies verbessert Ihre Kundenbindung und fördert das Vertrauen in Ihre Marke.

Sebastian Römischer

Digitales Marketing für Immobilienunternehmen

5. Werbung

Social-Media-Werbung ist ein effektives Mittel, um Ihre Reichweite zu erhöhen und gezielte Leads zu generieren. Sie sollten jedoch sicherstellen, dass Ihre Anzeigen relevant und ansprechend für Ihre Zielgruppe sind und Ihre Ziele unterstützen.

6. Monitoring und Analyse

Sie sollten Ihre Social-Media-Aktivitäten regelmäßig überwachen und analysieren, um zu sehen, welche Strategien am besten funktionieren und welche Verbesserungen vorgenommen werden können. Verwenden Sie Tools wie Google Analytics oder Facebook Insights, um Ihre Erfolge zu messen und Ihre Strategie anzupassen.

Fazit

Social-Media-Marketing kann für Immobilienunternehmen sehr erfolgreich sein, wenn es richtig umgesetzt wird. Eine gründliche Zielgruppenanalyse, eine sorgfältige Plattformauswahl, eine gute Content-Strategie, Engagement und Interaktion, Werbung sowie Monitoring und Analyse sind die wichtigsten Best Practices für erfolgreiches Social-Media-Marketing im Immobilienbereich.

Digitales Marketing für Immobilienunternehmen

Suchmaschinenoptimierung (SEO)

Einführung in SEO

Suchmaschinenoptimierung (SEO) ist einer der wichtigsten Bestandteile des digitalen Marketings. Es geht darum, die Sichtbarkeit einer Website in den Suchmaschinenergebnissen zu verbessern, um mehr Traffic auf die Website zu leiten und somit potenzielle Kunden zu gewinnen. Für Immobilienunternehmen ist SEO besonders wichtig, da die meisten Kunden online nach Immobilien suchen.

Um erfolgreich in SEO zu sein, müssen Sie zunächst verstehen, wie Suchmaschinen funktionieren. Suchmaschinen wie Google verwenden komplexe Algorithmen, um Websites zu bewerten und zu ranken. Diese Algorithmen berücksichtigen Faktoren wie die Relevanz des Inhalts, die Qualität der Backlinks und die Nutzererfahrung auf der Website.

Um Ihre Website für Suchmaschinen zu optimieren, sollten Sie einige grundlegende SEO-Techniken verwenden. Dazu gehören das Verwenden von relevanten Keywords in Ihrem Content, das Erstellen von qualitativ hochwertigen Backlinks, die Optimierung Ihrer Meta-Tags und die Verbesserung der Ladezeit Ihrer Website.

Eine weitere wichtige Strategie für SEO ist die Erstellung von hochwertigem Content. Durch die Erstellung von relevantem und nützlichem Inhalt auf Ihrer Website, können Sie nicht nur das Interesse

Digitales Marketing für Immobilienunternehmen

Ihrer potenziellen Kunden wecken, sondern auch Ihre Sichtbarkeit in den Suchmaschinenergebnissen verbessern.

Es ist auch wichtig, sich auf lokale SEO-Strategien zu konzentrieren, insbesondere für Immobilienunternehmen. Dazu gehören das Erstellen von Google My Business-Profilen und die Optimierung Ihrer Website für lokale Keywords, um sicherzustellen, dass Ihre Website in den Suchergebnissen für lokale Suchanfragen angezeigt wird.

Insgesamt ist SEO ein wichtiger Bestandteil des digitalen Marketings für Immobilienunternehmen. Durch die Anwendung grundlegender SEO-Techniken und die Erstellung von hochwertigem Content können Sie Ihre Sichtbarkeit in den Suchmaschinenergebnissen verbessern und mehr potenzielle Kunden auf Ihrer Website leiten.

Warum SEO wichtig ist für Immobilienunternehmen

Suchmaschinenoptimierung, oder auch SEO genannt, ist ein wichtiger Bestandteil des digitalen Marketings für Immobilienunternehmen. Warum? Ganz einfach: potenzielle Kunden suchen heutzutage vermehrt online nach passenden Immobilien. Umso wichtiger ist es, dass Ihre Website bei den Suchmaschinenergebnissen weit oben erscheint.

Doch wie funktioniert SEO überhaupt? Im Grunde genommen geht es darum, Ihre Website so zu gestalten, dass sie von Suchmaschinen wie Google optimal erkannt und indexiert wird. Hierzu gibt es verschiedene Faktoren, die berücksichtigt werden müssen. Dazu gehören unter anderem

Digitales Marketing für Immobilienunternehmen

die Optimierung der Metadaten, die Verwendung von relevanten Keywords, eine gute interne Verlinkung sowie eine schnelle Ladezeit der Website.

Doch warum ist SEO gerade für Immobilienunternehmen so wichtig? Ganz einfach: Immobilien sind ein sehr umkämpfter Markt. Um sich von der Konkurrenz abzuheben, ist es wichtig, dass potenzielle Kunden Ihre Website schnell und einfach finden können. Eine gute Platzierung bei den Suchmaschinenergebnissen erhöht somit Ihre Sichtbarkeit und somit auch Ihre Reichweite.

Darüber hinaus bietet SEO auch die Möglichkeit, gezielt nach bestimmten Zielgruppen zu suchen. Hierzu können beispielsweise lokale Keywords wie Stadtteile oder Postleitzahlen genutzt werden. So können Sie sicherstellen, dass Ihre Website bei Suchanfragen von potenziellen Kunden aus der Umgebung gefunden wird.

Zusätzlich bietet SEO auch die Möglichkeit, gezielt nach bestimmten Immobilienarten oder -eigenschaften zu suchen. Hierzu können beispielsweise Keywords wie "Wohnungen mit Balkon" oder "Häuser mit Garten" genutzt werden. So können Sie sicherstellen, dass Ihre Website bei Suchanfragen von potenziellen Kunden mit spezifischen Anforderungen gefunden wird.

Sebastian Römischer

Digitales Marketing für Immobilienunternehmen

Fazit

Insgesamt ist SEO somit ein wichtiger Bestandteil des digitalen Marketings für Immobilienunternehmen. Eine gute Platzierung bei den Suchmaschinenergebnissen erhöht nicht nur Ihre Sichtbarkeit und Reichweite, sondern bietet auch die Möglichkeit, gezielt nach bestimmten Zielgruppen und Immobilienarten zu suchen.

Keyword-Recherche und -Optimierung für Immobilienunternehmen

Die Keyword-Recherche und -Optimierung ist ein wichtiger Bestandteil des digitalen Marketings für Immobilienunternehmen. Durch die gezielte Nutzung von Keywords können Sie Ihre Online-Präsenz verbessern und mehr potenzielle Kunden auf Ihre Website locken.

Um die richtigen Keywords zu finden, müssen Sie sich in die Lage Ihrer Zielgruppe versetzen und überlegen, welche Begriffe diese bei der Suche nach Immobilien verwenden würden. Hierbei können Tools wie der Google Keyword-Planer oder Google Trends helfen.

Auch die Konkurrenzanalyse ist von großer Bedeutung. Überprüfen Sie, welche Keywords Ihre Konkurrenten nutzen und ob diese für Ihr Unternehmen ebenfalls relevant sind. Hierbei sollten Sie jedoch nicht einfach die Keywords Ihrer Konkurrenten kopieren, sondern eine eigene Strategie entwickeln.

Digitales Marketing für Immobilienunternehmen

Sobald Sie die passenden Keywords gefunden haben, sollten Sie diese gezielt in Ihre Website-Texte, Meta-Tags und URLs integrieren. Hierbei ist es wichtig, dass die Keywords sinnvoll und natürlich eingebunden werden, um eine hohe Lesbarkeit und Nutzerfreundlichkeit zu gewährleisten.

Auch bei der Erstellung von Content sollten Sie auf eine Keyword-Optimierung achten. Verwenden Sie die relevanten Keywords in Ihren Blog-Artikeln, Infografiken oder Videos, um von Suchmaschinen besser gefunden zu werden.

Neben der On-Page-Optimierung spielen auch Off-Page-Faktoren eine Rolle. Hierbei geht es zum Beispiel um Backlinks von anderen Websites, die auf Ihre Website verweisen. Je höher die Qualität und Relevanz dieser Backlinks, desto besser wird Ihre Website von Suchmaschinen bewertet.

Fazit

Insgesamt ist die Keyword-Recherche und -Optimierung ein wichtiger Bestandteil des digitalen Marketings für Immobilienunternehmen. Durch eine gezielte Nutzung von Keywords können Sie Ihre Online-Sichtbarkeit erhöhen und mehr potenzielle Kunden auf Ihre Website locken. Zudem sollten Sie regelmäßig überprüfen, ob Ihre Keywords noch aktuell und relevant sind und gegebenenfalls Anpassungen vornehmen.

Sebastian Römischer

Digitales Marketing für Immobilienunternehmen

On-Page- und Off-Page-Optimierung für Immobilienunternehmen

Die On-Page- und Off-Page-Optimierung sind wichtige Bestandteile des Suchmaschinenmarketings (SEO) und können dazu beitragen, dass Immobilienunternehmen im Internet besser gefunden werden. Bei der On-Page-Optimierung geht es um die Optimierung der eigenen Website, während die Off-Page-Optimierung auf die Verbesserung der Sichtbarkeit auf anderen Websites abzielt.

On-Page-Optimierung

Die On-Page-Optimierung umfasst alle Maßnahmen, die auf der eigenen Website durchgeführt werden können, um das Ranking in den Suchmaschinen zu verbessern. Dazu gehören unter anderem:

- **Keyword-Analyse**: Eine sorgfältige Analyse der relevanten Keywords kann dazu beitragen, dass die Webseite auf die richtigen Suchanfragen optimiert wird.
- **Meta-Tags**: Die Meta-Tags sind wichtige Elemente, die von Suchmaschinen ausgelesen werden. Eine korrekte Ausfüllung der Meta-Tags kann das Ranking positiv beeinflussen.
- **Content-Optimierung**: Eine hochwertige und suchmaschinenoptimierte Website sollte neben den Meta-Tags auch hochwertigen und relevanten Content bieten. Dazu gehören neben Texten auch Bilder und Videos, die das Interesse der

Digitales Marketing für Immobilienunternehmen

Besucher wecken und eine längere Verweildauer auf der Website fördern.
- **Usability**: Eine benutzerfreundliche Website mit schnellen Ladezeiten und einer intuitiven Navigation trägt ebenfalls dazu bei, dass die Verweildauer erhöht wird und das Ranking in Suchmaschinen steigt.

Off-Page-Optimierung

Die Off-Page-Optimierung dient dazu, die Sichtbarkeit der eigenen Website auf anderen Seiten zu erhöhen. Hierzu gehören unter anderem:

- **Linkbuilding**: Backlinks von anderen Websites auf die eigene Seite können das Ranking in den Suchmaschinen verbessern. Dabei ist jedoch darauf zu achten, dass es sich um qualitativ hochwertige Backlinks handelt und kein Spamming betrieben wird.
- **Social Media**: Social-Media-Plattformen wie Facebook, Twitter und Instagram bieten viele Möglichkeiten, um auf das eigene Unternehmen aufmerksam zu machen und Traffic auf die eigene Website zu leiten.
- **Branchenverzeichnisse**: Branchenverzeichnisse wie Immobilienscout24 oder Immonet bieten die Möglichkeit, das eigene Unternehmen zu präsentieren und auf die eigene Website zu verlinken.

Fazit

Eine erfolgreiche On-Page- und Off-Page-Optimierung kann dazu beitragen, dass Immobilienunternehmen im Internet besser gefunden werden und somit mehr Traffic und potenzielle Kunden generieren. Dabei ist jedoch darauf zu achten, dass alle Maßnahmen im Einklang mit den Google-Richtlinien stehen und keine Black-Hat-SEO-Techniken eingesetzt werden.

Best Practices für SEO im Immobilienbereich

Suchmaschinenoptimierung (SEO) ist der Prozess der Optimierung Ihrer Website, um sie für Suchmaschinen wie Google und Bing attraktiver zu machen und somit eine höhere Platzierung in den Suchergebnissen zu erhalten. Im Immobilienbereich kann SEO eine entscheidende Rolle spielen, um potenzielle Kunden auf Ihre Website zu locken und mehr Leads zu generieren. Hier sind einige Best Practices, die Sie bei der Optimierung Ihrer Website berücksichtigen sollten:

1. **Keyword-Recherche**

Die Keyword-Recherche ist ein wichtiger Schritt, um die Suchbegriffe zu identifizieren, die potenzielle Kunden verwenden, um nach Immobilien zu suchen. Nutzen Sie Tools wie den Google Keyword Planner, um relevante Keywords zu finden und in Ihre Inhalte zu integrieren.

Digitales Marketing für Immobilienunternehmen

2. **Content-Optimierung**

Ihre Website sollte informative und relevante Inhalte enthalten, die potenzielle Kunden ansprechen. Verwenden Sie Ihre Keyword-Recherche, um Ihre Inhalte zu optimieren und sicherzustellen, dass sie gut strukturiert und leicht verständlich sind. Verwenden Sie auch Bilder und Videos, um Ihre Inhalte ansprechender zu gestalten.

3. **Lokale SEO**

Immobiliengeschäfte sind in der Regel lokal, daher ist es wichtig, Ihre Website für lokale Suchanfragen zu optimieren. Fügen Sie Ihre Adresse und Telefonnummer auf Ihrer Website hinzu und veröffentlichen Sie lokale Inhalte, um Ihre lokale Präsenz zu stärken.

4. **Linkbuilding**

Linkbuilding ist ein wichtiger Teil der SEO-Strategie. Versuchen Sie, Links von anderen relevanten Websites zu erhalten, um Ihre Glaubwürdigkeit und Autorität zu erhöhen. Veröffentlichen Sie auch Gastbeiträge auf anderen Websites und verlinken Sie auf Ihre Website.

5. **Mobile Optimierung**

Mobile Optimierung ist heutzutage unerlässlich, da immer mehr Menschen ihre Mobilgeräte für die Suche nach Immobilien nutzen. Stellen Sie sicher,

Sebastian Römischer

Digitales Marketing für Immobilienunternehmen

dass Ihre Website für Mobilgeräte optimiert ist und ein responsives Design hat.

Fazit

SEO ist ein wichtiger Bestandteil des digitalen Marketings für Immobilienunternehmen. Durch die Umsetzung der Best Practices für SEO im Immobilienbereich können Sie Ihre Website für Suchmaschinen optimieren, um mehr Traffic und Leads zu generieren. Nutzen Sie die oben genannten Tipps, um Ihre Website zu optimieren und Ihre Online-Präsenz zu stärken.

E-Mail-Marketing

Einführung in E-Mail-Marketing

Das E-Mail-Marketing ist eine der ältesten Formen des digitalen Marketings. Jedoch ist es bis heute eine sehr effektive Methode, um Kunden zu erreichen und zu binden. Das E-Mail-Marketing ist besonders für Immobilienunternehmen von großer Bedeutung, da es eine kosteneffiziente Möglichkeit darstellt, um potenzielle Kunden zu erreichen.

Beim E-Mail-Marketing geht es darum, regelmäßig Newsletter oder Werbe-E-Mails an eine Liste von Abonnenten zu versenden. Diese

Digitales Marketing für Immobilienunternehmen

Abonnenten haben sich freiwillig für den Empfang der E-Mails registriert und sind somit bereits an den Angeboten des Unternehmens interessiert.

Um eine erfolgreiche E-Mail-Marketing-Kampagne zu starten, muss zuerst eine E-Mail-Liste aufgebaut werden. Diese Liste kann durch Anreize wie Rabatte oder exklusive Angebote erhöht werden. Es ist jedoch wichtig, dass die Abonnenten freiwillig und aktiv die E-Mails abonniert haben.

Die E-Mails sollten ansprechend gestaltet sein und einen klaren Mehrwert für den Empfänger bieten. Das kann beispielsweise durch die Vorstellung neuer Immobilienangebote oder durch informative Inhalte wie Marktanalysen oder Tipps zur Immobiliensuche geschehen.

Ein weiterer wichtiger Faktor beim E-Mail-Marketing ist die Personalisierung. Indem man die E-Mails auf die Bedürfnisse und Interessen der Empfänger zuschneidet, steigt die Chance, dass sie geöffnet und gelesen werden. Hierbei kann man beispielsweise auf Daten wie das Alter, die Wohnsituation oder die Interessen des Empfängers zurückgreifen.

Als Immobilienunternehmen sollte man auch darauf achten, dass man die rechtlichen Vorgaben beim E-Mail-Marketing einhält. Hierzu zählt beispielsweise, dass jeder Empfänger die Möglichkeit haben muss, sich jederzeit aus der E-Mail-Liste abzumelden.

Sebastian Römischer

Digitales Marketing für Immobilienunternehmen

Fazit

Insgesamt bietet das E-Mail-Marketing eine kosteneffiziente Möglichkeit, um potenzielle Kunden zu erreichen und zu binden. Durch eine ansprechende Gestaltung, Personalisierung und die Einhaltung der rechtlichen Vorgaben kann man eine erfolgreiche E-Mail-Marketing-Kampagne starten und langfristig Kunden binden.

Warum E-Mail-Marketing wichtig ist für Immobilienunternehmen

E-Mail-Marketing ist eine der ältesten und am weitesten verbreiteten Formen des digitalen Marketings. Es ist ein effektives Instrument, um Kundenbeziehungen aufzubauen und zu pflegen, indem man ihnen relevante und nützliche Informationen sendet. Für Immobilienunternehmen ist E-Mail-Marketing besonders wichtig, da es ihnen die Möglichkeit gibt, direkt mit ihren Kunden zu kommunizieren und ihnen ihre Dienstleistungen und Angebote zu präsentieren.

Eine der wichtigsten Vorteile des E-Mail-Marketings ist, dass es eine kosteneffektive Möglichkeit bietet, um mit Kunden in Kontakt zu bleiben. Im Vergleich zu traditionellen Marketingmethoden wie Printanzeigen oder Fernsehwerbung sind die Kosten für das Senden von E-Mails vernachlässigbar gering. Darüber hinaus ist E-Mail-Marketing sehr zielgerichtet und ermöglicht es Immobilienunternehmen, gezielte Kampagnen an bestimmte Zielgruppen zu richten.

Digitales Marketing für Immobilienunternehmen

Ein weiterer Vorteil von E-Mail-Marketing ist die Möglichkeit, die Leistung der Kampagnen genau zu messen. Mit Hilfe von Tools zur E-Mail-Analyse können Immobilienunternehmen die Öffnungs- und Klickraten ihrer E-Mails verfolgen und analysieren. Diese Informationen können dann genutzt werden, um zukünftige Kampagnen zu verbessern und zu optimieren.

E-Mail-Marketing ist auch eine effektive Möglichkeit, um Kundenbindung aufzubauen. Durch das Senden von personalisierten E-Mails können Immobilienunternehmen ihren Kunden das Gefühl geben, dass sie sich um sie kümmern und sich um ihre Bedürfnisse und Interessen kümmern. Dies kann dazu beitragen, dass Kunden langfristig an das Unternehmen gebunden werden.

Schließlich kann E-Mail-Marketing auch dazu beitragen, den Umsatz von Immobilienunternehmen zu steigern. Durch das Senden von gezielten Angeboten und Promotionen können Kunden dazu ermutigt werden, sich für bestimmte Dienstleistungen oder Angebote zu entscheiden. Darüber hinaus können Immobilienunternehmen durch das Senden von Follow-up-E-Mails auch sicherstellen, dass potenzielle Kunden nicht verloren gehen.

Fazit

Insgesamt ist E-Mail-Marketing ein wichtiger Bestandteil einer erfolgreichen Marketingstrategie für Immobilienunternehmen. Es bietet eine kosteneffektive Möglichkeit, um mit Kunden in Kontakt zu bleiben, die Leistung der Kampagnen zu messen und Kundenbindung aufzubauen.

Sebastian Römischer

Digitales Marketing für Immobilienunternehmen

Wenn es richtig eingesetzt wird, kann E-Mail-Marketing dazu beitragen, den Umsatz und den Erfolg von Immobilienunternehmen zu steigern.

Aufbau einer E-Mail-Liste für Immobilienunternehmen

Eine E-Mail-Liste kann für Immobilienunternehmen eine unschätzbare Ressource sein, um potenzielle Kunden zu erreichen und Geschäftsbeziehungen aufzubauen. Hier sind einige Schritte, die Unternehmen befolgen können, um ihre E-Mail-Liste aufzubauen:

1. **Sammeln von E-Mail-Adressen auf der Website**: Unternehmen sollten eine Anmeldefunktion auf ihrer Website einrichten, um Besucher dazu zu ermutigen, ihre E-Mail-Adresse zu hinterlassen. Dazu können Unternehmen beispielsweise einen Newsletter oder einen Download anbieten.

2. **Social-Media-Kanäle nutzen**: Unternehmen sollten ihre Social-Media-Kanäle nutzen, um ihre E-Mail-Liste aufzubauen. Dabei können sie ihre Follower dazu ermutigen, ihre E-Mail-Adresse zu hinterlassen, um exklusive Angebote und Informationen zu erhalten.

3. **Gewinnspiele und Aktionen**: Unternehmen können auch Gewinnspiele und Aktionen veranstalten, um E-Mail-Adressen zu sammeln. Dabei sollten sie jedoch sicherstellen, dass die Teilnehmer ihre Zustimmung zur Nutzung ihrer E-Mail-Adresse geben.

4. **Offline-Marketing nutzen**: Unternehmen sollten auch offline Werbemaßnahmen nutzen, um ihre E-Mail-Liste aufzubauen. Dabei können

Digitales Marketing für Immobilienunternehmen

sie beispielsweise auf Veranstaltungen und Messen E-Mail-Adressen sammeln.

5. **Personalisierte E-Mails**: Unternehmen sollten personalisierte E-Mails an ihre Abonnenten senden, um sie zu binden und ihnen exklusive Informationen und Angebote zu bieten.

Fazit

Es ist wichtig, dass Unternehmen ihre E-Mail-Liste regelmäßig pflegen und sicherstellen, dass ihre Abonnenten jederzeit die Möglichkeit haben, sich abzumelden. Zudem sollten Unternehmen sicherstellen, dass sie die Datenschutzrichtlinien einhalten und die Zustimmung der Abonnenten zur Verwendung ihrer E-Mail-Adresse einholen. Eine gut gepflegte E-Mail-Liste kann für Immobilienunternehmen ein wertvolles Instrument sein, um potenzielle Kunden zu erreichen und ihr Geschäft auszubauen.

Erstellung und Versand von E-Mail-Kampagnen für Immobilienunternehmen

E-Mail-Marketing ist eine effektive Strategie, um potenzielle Kunden zu erreichen und Traffic auf Ihre Website zu lenken. Es ist auch eine kosteneffektive Methode, um mit Ihrer Zielgruppe in Kontakt zu bleiben und sie über Neuigkeiten, Angebote und Dienstleistungen zu informieren. Für Immobilienunternehmen ist E-Mail-Marketing besonders wichtig, da

Digitales Marketing für Immobilienunternehmen

die meisten Kunden ihren Immobilienbedarf online recherchieren und eine persönliche E-Mail sie direkt erreichen.

Hier sind einige Tipps, um erfolgreiche E-Mail-Kampagnen für Immobilienunternehmen zu erstellen und zu versenden:

1. **Zielgruppe definieren**: Bevor Sie mit der Erstellung Ihrer E-Mail-Kampagne beginnen, müssen Sie Ihre Zielgruppe definieren. Wer sind Ihre potenziellen Kunden? Was sind ihre Bedürfnisse und Interessen? Durch die Identifizierung Ihrer Zielgruppe können Sie sicherstellen, dass Ihre E-Mail-Kampagne relevante und zielgerichtete Inhalte enthält.

2. **Betreffzeile optimieren**: Eine gute Betreffzeile ist entscheidend, um die Aufmerksamkeit Ihrer Zielgruppe zu gewinnen. Verwenden Sie kurze, prägnante und aussagekräftige Betreffzeilen, die das Interesse Ihrer Zielgruppe wecken.

3. **Persönliche Ansprache**: Personalisieren Sie Ihre E-Mail-Kampagne, indem Sie den Namen Ihrer Empfänger in der Anrede verwenden. Dies schafft eine persönlichere Beziehung zwischen Ihnen und Ihrem potenziellen Kunden.

4. **Klare und ansprechende Inhalte**: Ihre E-Mail-Kampagne sollte klare und ansprechende Inhalte enthalten. Verwenden Sie Bilder und Videos, um Ihre Botschaft zu unterstützen und Ihre Zielgruppe zu engagieren. Stellen Sie sicher, dass Ihre Inhalte gut strukturiert und leicht verständlich sind.

Sebastian Römischer

Digitales Marketing für Immobilienunternehmen

5. **Call-to-Action**: Ihre E-Mail-Kampagne sollte immer einen Call-to-Action enthalten, der Ihre Zielgruppe dazu auffordert, eine bestimmte Aktion auszuführen. Dies kann beispielsweise das Ausfüllen eines Kontaktformulars oder das Besuchen Ihrer Website sein.

6. **Testen und Optimieren**: Überprüfen Sie regelmäßig die Ergebnisse Ihrer E-Mail-Kampagne und optimieren Sie sie entsprechend. Experimentieren Sie mit verschiedenen Betreffzeilen, Inhalten und Call-to-Actions, um herauszufinden, was am besten funktioniert.

Fazit

E-Mail-Marketing ist eine wertvolle Ergänzung zu Ihrer digitalen Marketingstrategie für Ihr Immobilienunternehmen. Wenn Sie diese Tipps befolgen, können Sie eine erfolgreiche E-Mail-Kampagne erstellen und potenzielle Kunden effektiv erreichen.

Best Practices für E-Mail-Marketing im Immobilienbereich

E-Mail-Marketing ist eine der effektivsten Methoden, um potenzielle Kunden im Immobilienbereich zu erreichen. Es ist kostengünstig, einfach zu implementieren und bietet eine hohe Reichweite. Aber wie kann man sicherstellen, dass E-Mail-Marketing-Kampagnen erfolgreich sind und wie kann man das Potenzial dieser Marketing-Strategie voll ausschöpfen?

Hier sind einige Best Practices für E-Mail-Marketing im Immobilienbereich:

Digitales Marketing für Immobilienunternehmen

1. Zielgruppenorientierte Ansprache

Um erfolgreich zu sein, müssen E-Mail-Marketing-Kampagnen auf die Bedürfnisse und Interessen der Zielgruppe zugeschnitten sein. Immobilienunternehmen sollten sich fragen, wer ihre Zielgruppe ist und welche Art von Informationen diese Personengruppe benötigt, um Interesse an ihren Angeboten zu entwickeln. Eine personalisierte Ansprache kann die Öffnungsraten und Erfolgsaussichten deutlich erhöhen.

2. Relevante Inhalte

Die Inhalte der E-Mails sollten für die Zielgruppe relevant und interessant sein. Immobilienunternehmen sollten sich auf aktuelle Trends und Themen konzentrieren, die für potenzielle Kunden von Interesse sind. Hierzu können sie beispielsweise Neuigkeiten über den Immobilienmarkt, Tipps für den Hauskauf oder interessante Objekte präsentieren.

3. Optimierte Betreffzeile

Die Betreffzeile ist der erste Eindruck, den potenzielle Kunden von der E-Mail-Kampagne erhalten. Eine optimierte Betreffzeile kann dazu beitragen, dass die E-Mail geöffnet wird. Sie sollte kurz und prägnant sein und einen klaren Mehrwert für den Empfänger bieten.

Sebastian Römischer

Digitales Marketing für Immobilienunternehmen

4. **Mobile Optimierung**

Immer mehr Menschen nutzen mobile Geräte, um E-Mails zu lesen. Deshalb sollten Immobilienunternehmen sicherstellen, dass ihre E-Mail-Kampagnen für Mobilgeräte optimiert sind. Die E-Mail sollte auf verschiedenen Geräten getestet werden, um sicherzustellen, dass sie sowohl auf Desktop- als auch auf mobilen Geräten optimal angezeigt wird.

5. **Effektive Call-to-Action**

Eine E-Mail-Kampagne ohne Call-to-Action ist wie ein Buch ohne Ende. Immobilienunternehmen sollten sicherstellen, dass ihre E-Mails einen klaren Handlungsaufruf enthalten. Dies kann beispielsweise die Aufforderung zur Terminvereinbarung für eine Besichtigung oder die Einladung zur Registrierung für einen Newsletter sein.

Fazit

E-Mail-Marketing ist eine effektive und kostengünstige Möglichkeit, um potenzielle Kunden im Immobilienbereich zu erreichen. Eine personalisierte Ansprache, relevante Inhalte, eine optimierte Betreffzeile, mobile Optimierung und effektive Call-to-Action sind Best Practices, die Immobilienunternehmen berücksichtigen sollten, um das Potenzial dieser Marketing-Strategie voll auszuschöpfen.

Sebastian Römischer

Digitales Marketing für Immobilienunternehmen

Influencer-Marketing

Einführung in Influencer-Marketing

Influencer-Marketing hat in den letzten Jahren stark an Bedeutung gewonnen und ist zu einem wichtigen Bestandteil des digitalen Marketings geworden. Es handelt sich um eine Marketingstrategie, bei der Unternehmen mit Personen zusammenarbeiten, die auf Social-Media-Plattformen eine große Anhängerschaft haben, um ihre Produkte oder Dienstleistungen zu bewerben.

Influencer-Marketing bietet Unternehmen die Möglichkeit, ihre Zielgruppe direkt anzusprechen und ihre Botschaften auf eine authentische und glaubwürdige Weise zu kommunizieren. Influencer werden oft als Meinungsführer angesehen und haben eine beträchtliche Macht, die Kaufentscheidungen ihrer Anhänger zu beeinflussen.

Das Konzept des Influencer-Marketings ist einfach: Unternehmen suchen nach Influencern, die zu ihrer Marke oder ihrem Produkt passen, und bieten ihnen eine Zusammenarbeit an. Im Gegenzug promoten die Influencer das Produkt oder die Dienstleistung auf ihren Social-Media-Kanälen und geben ihren Followern einen Einblick in ihre Erfahrungen mit dem Produkt.

Für Immobilienunternehmen kann Influencer-Marketing eine effektive Möglichkeit sein, ihre Zielgruppe zu erreichen und ihre Marke zu stärken.

Sebastian Römischer

Digitales Marketing für Immobilienunternehmen

Immobilien-Influencer können beispielsweise in ihren Beiträgen über die neuesten Trends in der Immobilienbranche sprechen oder ihre Erfahrungen mit dem Kauf oder Verkauf von Immobilien teilen.

Ein weiterer Vorteil von Influencer-Marketing ist, dass es oft kosteneffektiver ist als traditionelles Marketing. Statt teure Anzeigen in Printmedien zu schalten oder Werbespots im Fernsehen zu produzieren, können Unternehmen mit Influencern zusammenarbeiten, um ihre Zielgruppe auf eine kosteneffektive Weise anzusprechen.

Es ist jedoch wichtig zu beachten, dass Influencer-Marketing nicht ohne Risiken ist. Es gibt immer die Möglichkeit, dass die Zusammenarbeit mit einem Influencer nach hinten losgeht und die Marke beschädigt wird. Es ist daher unerlässlich, sorgfältig zu prüfen, welche Influencer mit der Marke zusammenarbeiten und sicherzustellen, dass ihre Werte und Überzeugungen mit denen des Unternehmens übereinstimmen.

Fazit

Insgesamt bietet Influencer-Marketing eine effektive Möglichkeit für Immobilienunternehmen, ihre Zielgruppe zu erreichen und ihre Marke zu stärken. Es ist jedoch wichtig, die Risiken zu berücksichtigen und sorgfältig zu prüfen, welche Influencer mit der Marke zusammenarbeiten.

Sebastian Römischer

Digitales Marketing für Immobilienunternehmen

Warum Influencer-Marketing wichtig ist für Immobilienunternehmen

Influencer-Marketing ist ein relativ neues Konzept in der Welt des digitalen Marketings, das jedoch schnell an Bedeutung gewinnt.
Influencer-Marketing ist eine Marketingstrategie, bei der Unternehmen mit einflussreichen Personen zusammenarbeiten, um ihre Produkte oder Dienstleistungen zu bewerben. Diese Personen haben eine große Reichweite in den sozialen Medien und können eine große Anzahl von Followern und Fans erreichen.

Für Immobilienunternehmen kann Influencer-Marketing eine effektive Möglichkeit sein, um ihre Marke zu fördern und neue Kunden zu gewinnen. Es gibt viele Gründe, warum Influencer-Marketing wichtig ist für Immobilienunternehmen.

Erstens können Influencer helfen, die Bekanntheit Ihrer Marke zu steigern. Wenn Sie mit einem Influencer zusammenarbeiten, der eine große Anzahl von Followern hat, können Sie Ihre Marke einem breiten Publikum vorstellen. Dies kann dazu beitragen, dass mehr Menschen von Ihrem Unternehmen und Ihren Immobilien erfahren.

Zweitens können Influencer auch dazu beitragen, das Vertrauen in Ihre Marke zu stärken. Wenn ein Influencer eine positive Erfahrung mit Ihrer Marke gemacht hat, kann er oder sie dies seinen Followern mitteilen. Dies kann dazu beitragen, das Vertrauen in Ihre Marke zu stärken und

Digitales Marketing für Immobilienunternehmen

potenzielle Kunden dazu zu bringen, sich für Ihre Immobilien zu interessieren.

Drittens können Influencer auch dazu beitragen, Ihre Zielgruppe zu erreichen. Wenn Sie mit einem Influencer zusammenarbeiten, der in Ihrer Zielgruppe beliebt ist, können Sie sicher sein, dass Ihre Botschaft bei den richtigen Menschen ankommt. Dies kann dazu beitragen, Ihre Marketingkosten zu senken und Ihre Effektivität zu erhöhen.

Fazit

Insgesamt kann Influencer-Marketing eine effektive Möglichkeit sein, um Ihre Marke zu fördern und neue Kunden zu gewinnen. Wenn Sie noch nicht mit Influencern zusammengearbeitet haben, sollten Sie dies in Betracht ziehen, um Ihre Marketingbemühungen zu verbessern.

Identifizierung und Auswahl von Influencern im Immobilienbereich

Die Identifizierung und Auswahl von Influencern im Immobilienbereich ist ein wichtiger Schritt, um das Potenzial von Influencer-Marketing zu nutzen. Influencer sind Personen, die aufgrund ihrer Präsenz und ihres Einflusses in sozialen Medien und anderen Online-Plattformen eine große Anzahl von Followern haben. Sie können als Markenbotschafter für Unternehmen fungieren und helfen, die Bekanntheit und Reichweite von Unternehmen und Produkten zu steigern.

Sebastian Römischer

Digitales Marketing für Immobilienunternehmen

Um die richtigen Influencer für Ihr Immobilienunternehmen zu finden, sollten Sie zunächst Ihre Zielgruppe definieren. Welche Art von Käufern oder Mietern möchten Sie ansprechen? Welche Interessen haben sie und welche sozialen Medien nutzen sie am häufigsten? Sobald Sie Ihre Zielgruppe identifiziert haben, können Sie gezielt nach Influencern suchen, die diese Zielgruppe erreichen.

Eine Möglichkeit, Influencer zu finden, ist die Verwendung von Tools wie BuzzSumo oder Followerwonk. Diese Tools ermöglichen es Ihnen, nach relevanten Keywords und Hashtags zu suchen und Influencer zu finden, die in diesen Bereichen aktiv sind. Sie können auch Social-Media-Plattformen wie Instagram und YouTube durchsuchen, um Influencer zu finden, die in Ihrem Bereich tätig sind.

Wenn Sie potenzielle Influencer identifiziert haben, sollten Sie ihre Profile und Inhalte sorgfältig prüfen, um sicherzustellen, dass sie zu Ihrem Unternehmen passen und Ihre Zielgruppe ansprechen. Schauen Sie sich ihre Follower- und Engagement-Statistiken an, um sicherzustellen, dass sie eine echte und engagierte Anhängerschaft haben.

Wenn Sie Influencer ausgewählt haben, können Sie sie kontaktieren und eine Zusammenarbeit vorschlagen. Stellen Sie sicher, dass Sie Ihre Ziele und Erwartungen klar kommunizieren und eine klare Vorstellung davon haben, was Sie von der Zusammenarbeit erwarten. Sie sollten auch sicherstellen, dass Sie die rechtlichen Aspekte von Influencer-Marketing verstehen, einschließlich der Offenlegung von bezahlten Partnerschaften.

Sebastian Römischer

Digitales Marketing für Immobilienunternehmen

Fazit

Insgesamt kann die Zusammenarbeit mit Influencern ein effektives Mittel sein, um die Bekanntheit und Reichweite Ihres Immobilienunternehmens zu steigern. Durch die Identifizierung und Auswahl von Influencern, die Ihre Zielgruppe erreichen, können Sie gezielt potenzielle Käufer oder Mieter ansprechen und Ihre Marke stärken.

Zusammenarbeit mit Influencern für Immobilienunternehmen

Influencer-Marketing ist eine der am schnellsten wachsenden Marketing-Strategien in der heutigen digitalen Welt. Durch die Zusammenarbeit mit Influencern können Unternehmen eine größere Reichweite und Sichtbarkeit erzielen und ihr Publikum auf eine authentische und glaubwürdige Weise erreichen. Immobilienunternehmen können auch von dieser Marketing-Strategie profitieren, indem sie Influencer aus dem Immobilien- und Lifestyle-Bereich einbeziehen.

Die Zusammenarbeit mit Influencern kann in verschiedenen Formen erfolgen, wie zum Beispiel durch bezahlte Partnerschaften oder durch das Versenden von kostenlosen Produkten oder Dienstleistungen. Wenn Sie die richtigen Influencer auswählen, können Sie eine große Zielgruppe erreichen und Ihre Marke bekannter machen. Ein weiterer Vorteil ist, dass Influencer eine sehr engagierte Community haben, die sich für ihre Inhalte interessiert. Wenn Sie mit einem Influencer zusammenarbeiten, können

Sebastian Römischer

Digitales Marketing für Immobilienunternehmen

Sie davon ausgehen, dass Ihre Inhalte von einer engagierten Zielgruppe gesehen werden.

Um die richtigen Influencer zu finden, sollten Sie eine Zielgruppenanalyse durchführen und sich auf diejenigen konzentrieren, die Ihre Zielgruppe ansprechen. Sie sollten auch darauf achten, dass die Influencer glaubwürdig und authentisch sind und dass ihre Werte und Interessen mit Ihren übereinstimmen. Wenn Sie die richtigen Influencer gefunden haben, können Sie eine langfristige Partnerschaft aufbauen, die sowohl für Ihr Unternehmen als auch für den Influencer von Vorteil ist.

Wenn Sie mit Influencern zusammenarbeiten, sollten Sie auch sicherstellen, dass Ihre Inhalte ansprechend und relevant sind. Sie sollten Ihre Inhalte an die Plattform anpassen, auf der Sie sie veröffentlichen, und sicherstellen, dass sie gut gestaltet und visuell ansprechend sind. Sie sollten auch sicherstellen, dass Ihre Inhalte einen Mehrwert bieten und Ihre Zielgruppe ansprechen.

Fazit

Insgesamt kann die Zusammenarbeit mit Influencern eine effektive Marketingstrategie für Immobilienunternehmen sein. Wenn Sie die richtigen Influencer auswählen und relevante und ansprechende Inhalte erstellen, können Sie eine größere Reichweite und Sichtbarkeit erzielen und Ihre Marke auf eine authentische und glaubwürdige Weise bekannt machen.

Sebastian Römischer

Best Practices für Influencer-Marketing im Immobilienbereich

Influencer-Marketing ist eine der wichtigsten Marketing-Strategien im digitalen Zeitalter. Es ist eine effektive Methode, um eine Zielgruppe zu erreichen und die Marke eines Unternehmens zu fördern. Im Immobilienbereich kann Influencer-Marketing jedoch eine besondere Herausforderung darstellen, da es oft schwierig ist, die richtigen Influencer zu finden und eine sinnvolle Zusammenarbeit zu gestalten. In diesem Kapitel werden die besten Praktiken für Influencer-Marketing im Immobilienbereich vorgestellt, die helfen können, die Herausforderungen zu meistern und eine erfolgreiche Kampagne umzusetzen.

1. **Identifizieren Sie die richtigen Influencer**

Es ist wichtig, die richtigen Influencer zu finden, die mit Ihrer Marke und Ihrer Zielgruppe in Verbindung stehen. Machen Sie eine Recherche und nutzen Sie Tools wie BuzzSumo oder SimilarWeb, um die beliebtesten und relevantesten Influencer in Ihrem Bereich zu identifizieren. Achten Sie darauf, dass die Influencer Ihre Zielgruppe ansprechen und eine hohe Reichweite haben.

2. **Entwickeln Sie eine Strategie**

Bevor Sie eine Influencer-Marketing-Kampagne starten, sollten Sie eine Strategie entwickeln. Definieren Sie Ihre Ziele, Ihre Zielgruppe und Ihre

Digitales Marketing für Immobilienunternehmen

Botschaft. Legen Sie fest, welche Art von Inhalten Sie benötigen und wie Sie die Zusammenarbeit mit den Influencern gestalten möchten. Eine klare Strategie hilft Ihnen dabei, Ihre Kampagne effektiv umzusetzen und die gewünschten Ergebnisse zu erzielen.

3. **Erstellen Sie ansprechende Inhalte**

Influencer-Marketing funktioniert nur dann, wenn die Inhalte ansprechend und relevant für die Zielgruppe sind. Erstellen Sie Inhalte, die informativ, unterhaltsam und inspirierend sind. Verwenden Sie Visuals wie Bilder und Videos, um die Aufmerksamkeit der Zielgruppe zu gewinnen. Achten Sie darauf, dass die Inhalte die Marke und Ihre Botschaft authentisch und glaubwürdig repräsentieren.

4. **Messen Sie den Erfolg**

Es ist wichtig, den Erfolg Ihrer Influencer-Marketing-Kampagne zu messen, um zu verstehen, welche Inhalte und Influencer am erfolgreichsten waren. Verwenden Sie Tools wie Google Analytics oder Socialbakers, um die Reichweite, das Engagement und die Konversionsraten zu messen. Verwenden Sie diese Daten, um Ihre zukünftigen Kampagnen zu optimieren und die Ergebnisse zu verbessern.

Digitales Marketing für Immobilienunternehmen

5. **Bauen Sie langfristige Beziehungen auf**

Influencer-Marketing ist keine einmalige Angelegenheit, sondern eine langfristige Beziehung zwischen Ihrem Unternehmen und den Influencern. Bauen Sie langfristige Beziehungen auf, indem Sie den Influencern regelmäßig Feedback geben, die Zusammenarbeit verbessern und ihnen exklusive Inhalte und Angebote anbieten. Eine langfristige Beziehung zu einem Influencer kann dazu beitragen, die Markenbekanntheit und das Vertrauen in Ihre Marke langfristig zu steigern.

Fazit

Influencer-Marketing kann eine effektive Methode sein, um im Immobilienbereich eine Zielgruppe zu erreichen und die Markenbekanntheit zu steigern. Die Umsetzung einer erfolgreichen Kampagne erfordert jedoch eine klare Strategie, ansprechende Inhalte und die Zusammenarbeit mit den richtigen Influencern. Wenn Sie die Best Practices für Influencer-Marketing im Immobilienbereich befolgen und die Ergebnisse messen, können Sie eine erfolgreiche Kampagne umsetzen, die Ihre Marke langfristig stärkt.

Sebastian Römischer

Content-Marketing

Einführung in Content-Marketing

Content-Marketing ist eine Marketingstrategie, die darauf abzielt, relevante, nützliche und informative Inhalte zu erstellen und zu teilen, um potenzielle Kunden zu gewinnen und zu halten. Es geht darum, eine Beziehung aufzubauen, indem man den Kunden hilft, Probleme zu lösen oder Bedürfnisse zu erfüllen.

Im Immobilienbereich ist Content-Marketing besonders wichtig, da es sich um eine komplexe und oft langfristige Kaufentscheidung handelt. Potenzielle Kunden benötigen oft umfangreiche Informationen, um eine fundierte Entscheidung zu treffen. Mit Content-Marketing können Sie Ihre Expertise und Erfahrung unter Beweis stellen und das Vertrauen potenzieller Kunden gewinnen.

Es gibt verschiedene Arten von Inhalten, die Sie erstellen können, um Ihre Zielgruppe anzusprechen. Dazu gehören Blog-Beiträge, eBooks, Infografiken, Videos, Podcasts und Social-Media-Beiträge. Wichtig ist, dass der Inhalt auf die Bedürfnisse und Interessen Ihrer Zielgruppe zugeschnitten ist und einen Mehrwert bietet.

Um erfolgreiches Content-Marketing zu betreiben, müssen Sie Ihre Zielgruppe kennen und verstehen. Welche Fragen stellen sie sich? Welche Probleme haben sie? Welche Art von Informationen suchen sie? Indem Sie

Digitales Marketing für Immobilienunternehmen

diese Fragen beantworten und relevante Inhalte erstellen, können Sie Ihre Zielgruppe erreichen und sich als Experte positionieren.

Ein weiterer wichtiger Aspekt von Content-Marketing ist die Verbreitung der Inhalte. Hier kommen Social-Media-Marketing, Suchmaschinenoptimierung (SEO) und E-Mail-Marketing ins Spiel. Durch die Verwendung von Keywords und die Optimierung Ihrer Inhalte für Suchmaschinen können Sie Ihre Sichtbarkeit erhöhen. Durch die Verbreitung Ihrer Inhalte auf Social-Media-Plattformen können Sie Ihre Reichweite erhöhen und eine Community aufbauen. E-Mail-Marketing ist eine weitere Möglichkeit, um Ihre Inhalte an Ihre Zielgruppe zu verteilen und sie auf dem Laufenden zu halten.

Fazit

Insgesamt ist Content-Marketing eine wichtige Komponente des digitalen Marketings für Immobilienunternehmen. Es bietet die Möglichkeit, potenzielle Kunden zu gewinnen und zu halten, indem relevante und nützliche Informationen bereitgestellt werden. Durch die Kombination mit anderen digitalen Marketingstrategien wie Social-Media-Marketing, SEO und E-Mail-Marketing können Sie Ihre Reichweite und Sichtbarkeit erhöhen und erfolgreich im Immobilienmarkt agieren.

Sebastian Römischer

Digitales Marketing für Immobilienunternehmen

Warum Content-Marketing wichtig ist für Immobilienunternehmen

Content-Marketing ist ein wichtiger Teil des digitalen Marketings für Immobilienunternehmen. Es geht darum, relevante und nützliche Informationen für die Zielgruppe zu erstellen, um ihre Aufmerksamkeit zu gewinnen und Vertrauen aufzubauen. Immobilienunternehmen können von Content-Marketing profitieren, indem sie ihre Marke bekannter machen, ihre Zielgruppe erreichen und langfristige Kundenbeziehungen aufbauen.

Content-Marketing kann auf verschiedene Arten umgesetzt werden, wie zum Beispiel durch Blogbeiträge, eBooks, Infografiken, Videos und Social-Media-Beiträge. Immobilienunternehmen können durch die Erstellung von qualitativ hochwertigem Content ihre Zielgruppe erreichen und ihr Interesse wecken. Indem sie wertvolle Informationen bereitstellen, können sie das Vertrauen der Zielgruppe gewinnen und sie dazu bringen, mit dem Unternehmen in Kontakt zu treten.

Immobiliengeschäfte sind in der Regel komplexe Angelegenheiten, die viele Fragen aufwerfen können. Durch die Erstellung von hilfreichem Content können Immobilienunternehmen diese Fragen beantworten und die Zielgruppe über die verschiedenen Aspekte des Immobilienmarktes informieren. Auf diese Weise können sie sich als Experten in ihrem Bereich positionieren und das Vertrauen der Zielgruppe gewinnen.

Content-Marketing ist auch eine effektive Möglichkeit, um Traffic auf die Website des Immobilienunternehmens zu bringen. Durch die Erstellung

Sebastian Römischer

Digitales Marketing für Immobilienunternehmen

von relevantem Content, der auf bestimmte Keywords optimiert ist, können Immobilienunternehmen ihre Sichtbarkeit in den Suchmaschinenergebnissen erhöhen. Dies kann dazu führen, dass potenzielle Kunden auf die Website des Unternehmens gelangen und sich über die angebotenen Dienstleistungen informieren.

Zusätzlich können Immobilienunternehmen durch Content-Marketing ihre Social-Media-Präsenz stärken. Durch die Veröffentlichung von relevantem und ansprechendem Content auf Plattformen wie Facebook, Twitter und Instagram können sie ihre Zielgruppe erreichen und sich als vertrauenswürdige Quelle für Immobilieninformationen etablieren.

Fazit

Insgesamt ist Content-Marketing ein wichtiger Bestandteil des digitalen Marketings für Immobilienunternehmen. Indem sie relevante und nützliche Informationen bereitstellen, können sie das Vertrauen ihrer Zielgruppe gewinnen, ihre Sichtbarkeit erhöhen und langfristige Kundenbeziehungen aufbauen.

Content-Ideen und -Formate für Immobilienunternehmen

In der heutigen digitalen Welt ist es für Immobilienunternehmen unerlässlich, eine starke Online-Präsenz zu haben. Hierbei spielen Content-Ideen und -Formate eine wichtige Rolle, um die Aufmerksamkeit der Zielgruppe zu gewinnen und sie zu überzeugen. In diesem Kapitel

Digitales Marketing für Immobilienunternehmen

werden wir Ihnen einige Ideen und Formate vorstellen, wie Sie Ihre Inhalte effektiv nutzen können, um erfolgreiches digitales Marketing zu betreiben.

1. **Blogging**

Das Schreiben von Blogartikeln ist eine der effektivsten Möglichkeiten, um eine Beziehung zu Ihrer Zielgruppe aufzubauen. Hierbei können Sie Ihre Fachkenntnisse nutzen, um wertvolle Informationen, Tipps und Ratschläge zu teilen, die Ihren Lesern helfen, ihre Fragen zu beantworten und Probleme zu lösen. Mögliche Themen können sein: Marktanalysen, Immobilienbewertungen, Tipps zur Immobiliensuche, Einrichtungsideen, Nachhaltigkeit im Bauwesen, usw.

2. **Videos**

Videos sind eine großartige Möglichkeit, um mit Ihrer Zielgruppe in Kontakt zu treten und Ihre Marke zu präsentieren. Sie können anregende Videos erstellen, die Ihre Immobilien, Projekte und Dienstleistungen zeigen. Auch können Sie informative Videos erstellen, in denen Sie Ihre Fachkenntnisse teilen, wie z.B. Bauprozesse, Finanzierungsmöglichkeiten, usw.

3. **Infografiken**

Infografiken sind eine großartige Möglichkeit, um komplexe Informationen auf eine visuell ansprechende Art und Weise darzustellen. Sie können

Sebastian Römischer

Digitales Marketing für Immobilienunternehmen

beispielsweise Infografiken erstellen, die den Immobilienmarkt analysieren, die Kaufprozesse erklären oder die wichtigsten Trends im Bauwesen aufzeigen.

4. Social-Media-Posts

Social-Media-Beiträge sind eine großartige Möglichkeit, um Ihre Inhalte zu teilen und Ihre Marke zu präsentieren. Hierbei können Sie Ihre Videos, Blogartikel, Infografiken usw. teilen und mit Ihrer Zielgruppe in Kontakt treten. Wichtig ist jedoch, dass Sie auf die Bedürfnisse und Interessen Ihrer Zielgruppe eingehen.

5. E-Mail-Marketing

E-Mail-Marketing ist eine großartige Möglichkeit, um Ihre Zielgruppe direkt anzusprechen und sie über Ihre Projekte und Dienstleistungen zu informieren. Hierbei können Sie beispielsweise Newsletter versenden, in denen Sie Ihre neuesten Immobilienprojekte vorstellen oder Ihre Leser über die neuesten Trends informieren.

Fazit

Insgesamt gibt es viele verschiedene Content-Ideen und -Formate, die Immobilienunternehmen nutzen können, um ihre Zielgruppe zu erreichen und zu überzeugen. Egal ob Blogging, Videos, Infografiken, Social-Media-Posts oder E-Mail-Marketing - es ist wichtig, dass Sie auf die

Sebastian Römischer

Digitales Marketing für Immobilienunternehmen

Bedürfnisse und Interessen Ihrer Zielgruppe eingehen und Ihre Inhalte entsprechend optimieren. Nur so können Sie erfolgreiches digitales Marketing betreiben und Ihre Marke erfolgreich präsentieren.

Erstellung und Verbreitung von Content für Immobilienunternehmen

In der heutigen digitalen Welt ist es für Immobilienunternehmen unerlässlich, eine starke Online-Präsenz zu haben. Um dies zu erreichen, ist es wichtig, hochwertigen Content zu erstellen und ihn auf verschiedenen Plattformen zu verbreiten. In diesem Kapitel werden wir uns mit den verschiedenen Arten von Content und den besten Strategien für die Erstellung und Verbreitung von Content für Immobilienunternehmen befassen.

Arten von Content

Es gibt viele verschiedene Arten von Content, die Immobilienunternehmen erstellen können, um ihre Zielgruppe zu erreichen. Dazu gehören Blog-Beiträge, Videos, Infografiken, Social-Media-Posts und vieles mehr. Die Wahl des richtigen Contents hängt von den Zielen des Unternehmens und der Zielgruppe ab.

Digitales Marketing für Immobilienunternehmen

Erstellung von Content

Bei der Erstellung von Content ist es wichtig, dass er von hoher Qualität ist und den Bedürfnissen der Zielgruppe entspricht. Eine Möglichkeit, dies zu erreichen, ist die Zusammenarbeit mit einem erfahrenen Content-Team, das über das notwendige Fachwissen verfügt, um ansprechenden und informativen Content zu erstellen. Es ist auch wichtig, eine klare Strategie zu haben und regelmäßig neuen Content zu veröffentlichen, um die Aufmerksamkeit der Zielgruppe aufrechtzuerhalten.

Verbreitung von Content

Die Verbreitung von Content auf verschiedenen Plattformen ist der Schlüssel zur Erreichung eines größeren Publikums. Hier sind einige der besten Strategien für die Verbreitung von Content:

- **Social-Media-Marketing**: Veröffentlichen Sie Ihren Content auf verschiedenen Social-Media-Plattformen, um Ihre Zielgruppe zu erreichen und Ihre Marke bekannt zu machen.
- **Suchmaschinenoptimierung (SEO)**: Optimieren Sie Ihren Content für Suchmaschinen, um in den Suchergebnissen besser gefunden zu werden.
- **E-Mail-Marketing**: Verschicken Sie regelmäßig E-Mails mit Ihrem Content an Ihre Abonnenten, um sie über Neuigkeiten und Angebote auf dem Laufenden zu halten.
- **Influencer-Marketing**: Arbeiten Sie mit Influencern zusammen, um Ihren Content einer größeren Zielgruppe zu präsentieren.

Sebastian Römischer

Digitales Marketing für Immobilienunternehmen

- **Online-PR**: Veröffentlichen Sie Pressemitteilungen und Artikel auf Online-Nachrichtenportalen, um Ihre Marke bekannt zu machen und den Traffic auf Ihre Website zu erhöhen.
- **Affiliate-Marketing**: Nutzen Sie Affiliate-Marketing-Programme, um Ihren Content auf anderen Websites zu veröffentlichen und Traffic auf Ihre Website zu leiten.
- **Video-Marketing**: Veröffentlichen Sie ansprechende Videos auf verschiedenen Plattformen, um Ihre Zielgruppe zu erreichen und Ihre Marke bekannt zu machen.
- **Mobile-Marketing**: Optimieren Sie Ihren Content für mobile Geräte, um Ihre Zielgruppe auch unterwegs zu erreichen.
- **Webanalyse**: Verwenden Sie Tools zur Webanalyse, um die Leistung Ihres Contents auf verschiedenen Plattformen zu messen und zu optimieren.

Fazit

Die Erstellung und Verbreitung von hochwertigem Content ist der Schlüssel zur Erreichung einer starken Online-Präsenz für Immobilienunternehmen. Indem Sie verschiedene Arten von Content erstellen und ihn auf verschiedenen Plattformen verbreiten, können Sie Ihre Zielgruppe erreichen und Ihre Marke bekannt machen. Nutzen Sie die verschiedenen Strategien des digitalen Marketings, um Ihre Content-Strategie zu optimieren und Ihre Ziele zu erreichen.

Sebastian Römischer

Digitales Marketing für Immobilienunternehmen

Best Practices für Content-Marketing im Immobilienbereich

In der heutigen digitalen Welt ist Content-Marketing eine der effektivsten Methoden, um potenzielle Kunden zu erreichen und das Interesse an Ihren Immobilienprodukten oder Dienstleistungen zu wecken. Daher ist es wichtig, dass Immobilienunternehmen ihre Marketingstrategien auf die Bedürfnisse und Erwartungen ihrer Zielgruppe abstimmen. Hier sind einige bewährte Best Practices für Content-Marketing im Immobilienbereich:

1. **Zielgruppenanalyse**: Verstehen Sie Ihre Zielgruppe und bauen Sie Ihre Inhalte auf ihre Bedürfnisse und Interessen auf. Definieren Sie ihre Demographie, Interessen und Kaufverhalten und passen Sie Ihre Inhalte entsprechend an.

2. **Hochwertige Inhalte**: Erstellen Sie hochwertige Inhalte, die Ihre Zielgruppe ansprechen und ihnen einen Mehrwert bieten. Vermeiden Sie es, nur Werbebotschaften zu verbreiten. Stattdessen sollten Sie informative, unterhaltsame und nützliche Inhalte bereitstellen, die Ihr Unternehmen als Experten in Ihrer Branche positionieren.

3. **Diversität der Inhalte**: Nutzen Sie verschiedene Inhaltsformate wie Blogbeiträge, Infografiken, Videos, Podcasts oder eBooks. Verschiedene Formate sprechen unterschiedliche Zielgruppen an und helfen Ihnen, Ihre Botschaft auf vielfältige Weise zu verbreiten.

Sebastian Römischer

Digitales Marketing für Immobilienunternehmen

4. **Suchmaschinenoptimierung (SEO)**: Optimieren Sie Ihre Inhalte für Suchmaschinen, um Ihre Sichtbarkeit zu erhöhen. Verwenden Sie relevante Keywords in Ihren Inhalten, Meta-Beschreibungen und Titeln.

5. **Social-Media-Marketing**: Nutzen Sie Social-Media-Kanäle wie Facebook, Instagram, Twitter und LinkedIn, um Ihre Inhalte zu verbreiten und mit Ihrer Zielgruppe zu interagieren. Stellen Sie sicher, dass Sie auf Fragen und Kommentare reagieren und Ihre Inhalte regelmäßig aktualisieren.

6. **E-Mail-Marketing**: Verwenden Sie E-Mails, um Ihre Zielgruppe regelmäßig mit relevanten Inhalten zu erreichen. Bieten Sie exklusive Inhalte, wie z.B. eBooks, Whitepapers oder Rabatte, um das Interesse Ihrer Zielgruppe zu wecken.

7. **Influencer-Marketing**: Nutzen Sie Influencer, um Ihre Inhalte zu verbreiten und Ihre Zielgruppe zu erreichen. Finden Sie Influencer, die zu Ihrer Zielgruppe passen und arbeiten Sie mit ihnen zusammen, um Ihre Botschaft zu verbreiten.

8. **Online-PR**: Nutzen Sie Online-PR, um Ihre Inhalte auf anderen Websites und Medien zu platzieren. Veröffentlichen Sie Gastbeiträge und Pressemitteilungen, um Ihre Expertise und Ihre Marke zu stärken.

Sebastian Römischer

Digitales Marketing für Immobilienunternehmen

9. **Affiliate-Marketing**: Nutzen Sie Affiliate-Marketing, um Ihre Inhalte und Produkte auf anderen Websites zu bewerben. Bieten Sie Affiliate-Partnern eine Provision für jeden erfolgreichen Verkauf an.

10. **Video-Marketing**: Nutzen Sie Video-Marketing, um Ihre Inhalte auf visuelle Weise zu präsentieren. Erstellen Sie kurze Videos, die Ihre Immobilienprodukte oder Dienstleistungen präsentieren und Ihre Zielgruppe ansprechen.

11. **Mobile-Marketing**: Optimieren Sie Ihre Inhalte für mobile Geräte, um Ihre Zielgruppe zu erreichen. Stellen Sie sicher, dass Ihre Website und Ihre Inhalte auf verschiedenen Geräten gut lesbar sind.

12. **Webanalyse**: Analysieren Sie regelmäßig Ihre Inhalte und Marketingaktivitäten, um Ihre Strategie zu verbessern. Verwenden Sie Tools wie Google Analytics, um Ihre Website-Performance, Traffic-Quellen und Konversionsraten zu verfolgen.

Fazit

Insgesamt gibt es viele Möglichkeiten, Content-Marketing im Immobilienbereich erfolgreich einzusetzen. Durch die Anwendung bewährter Best Practices und die Anpassung an die Bedürfnisse und Erwartungen Ihrer Zielgruppe können Sie Ihre Marke stärken, Ihr Kundenstamm erweitern und Ihre Immobilienprodukte oder

Sebastian Römischer

Digitales Marketing für Immobilienunternehmen

Dienstleistungen erfolgreich verkaufen.

Online-PR

Einführung in Online-PR

Online-PR ist ein wichtiger Bestandteil des digitalen Marketings und kann für Immobilienunternehmen von unschätzbarem Wert sein. Es geht darum, positive Beziehungen zu Zielgruppen aufzubauen, indem man gezielt online kommuniziert und eine positive Online-Reputation aufbaut.

Die Grundlage der Online-PR ist die Erstellung von relevantem und interessantem Content. Dies kann in Form von Blog-Posts, Pressemitteilungen, Gastbeiträgen oder anderen Inhalten geschehen. Der Inhalt sollte auf die Bedürfnisse und Interessen der Zielgruppe abgestimmt sein und einen Mehrwert bieten.

Ein weiterer wichtiger Aspekt der Online-PR ist die Verbreitung des Inhalts. Hier kommen verschiedene Kanäle wie Social Media, die eigene Website oder Online-Verzeichnisse zum Einsatz. Ziel ist es, die Sichtbarkeit des Unternehmens und seiner Inhalte zu erhöhen, um mehr Traffic auf die Website zu generieren und das Unternehmen als Experte in der Branche zu positionieren.

Sebastian Römischer

Digitales Marketing für Immobilienunternehmen

Ein wichtiger Teil der Online-PR ist auch das Monitoring und die Analyse von Online-Reputation und -Präsenz. Das bedeutet, dass man regelmäßig überprüft, was über das Unternehmen im Internet gesagt wird und wie die eigene Online-Präsenz aussieht. Auf diese Weise kann man schnell auf negative Kommentare oder schlechte Bewertungen reagieren und die eigene Online-Reputation verbessern.

Ein weiterer Vorteil der Online-PR ist die Möglichkeit, gezielt Influencer und Multiplikatoren anzusprechen. Diese können helfen, die Reichweite des Unternehmens zu erhöhen und es einem breiteren Publikum bekannt zu machen.

Fazit

Insgesamt ist Online-PR ein wichtiger Bestandteil des digitalen Marketings für Immobilienunternehmen. Durch gezielte Kommunikation und die Erstellung von relevantem Content kann man eine positive Online-Reputation aufbauen und das Unternehmen als Experten in der Branche positionieren. Mit der richtigen Strategie und Analyse kann man auch negative Kommentare oder Bewertungen schnell und effektiv angehen.

Warum Online-PR wichtig ist für Immobilienunternehmen

Die digitale Welt hat das Verhalten der Menschen im Hinblick auf die Suche nach Immobilien dramatisch verändert. Früher war es üblich, dass potenzielle Käufer oder Mieter sich an einen Immobilienmakler wandten,

Sebastian Römischer

Digitales Marketing für Immobilienunternehmen

um sich über die verfügbaren Immobilien zu informieren. Heute suchen sie im Internet nach den besten Angeboten. Immobilienunternehmen, die nicht online präsent sind, verpassen potenzielle Kunden.

Daher ist es für Immobilienunternehmen von entscheidender Bedeutung, eine starke Online-Präsenz aufzubauen. Eine Online-PR-Strategie kann dabei helfen, das Unternehmen bekannter zu machen, das Image zu verbessern und letztendlich mehr Kunden zu gewinnen.

Eine erfolgreiche Online-PR-Strategie umfasst verschiedene Elemente wie zum Beispiel die Erstellung von Pressemitteilungen, die Platzierung von Gastbeiträgen in relevanten Publikationen oder die Teilnahme an Online-Diskussionen und Foren.

Durch Online-PR können Immobilienunternehmen ihre Reichweite erhöhen und potenzielle Kunden auf sich aufmerksam machen. Eine gut durchdachte Online-PR-Strategie kann dabei helfen, die Sichtbarkeit der Website in den Suchmaschinen zu verbessern. Mit der richtigen Suchmaschinenoptimierung können Immobilienunternehmen sicherstellen, dass ihre Website bei den relevanten Suchanfragen auf den ersten Plätzen erscheint.

Zudem kann eine erfolgreiche Online-PR-Strategie dazu beitragen, das Vertrauen der Kunden zu gewinnen. Durch die Veröffentlichung von Pressemitteilungen und Gastbeiträgen in relevanten Publikationen können Immobilienunternehmen ihre Expertise und ihr Fachwissen unter Beweis

Sebastian Römischer

Digitales Marketing für Immobilienunternehmen

stellen. Kunden haben Vertrauen in Unternehmen, die als Experten auf ihrem Gebiet wahrgenommen werden.

Fazit

Insgesamt ist Online-PR für Immobilienunternehmen ein wichtiger Bestandteil einer erfolgreichen Digital-Marketing-Strategie. Durch eine starke Online-Präsenz können Immobilienunternehmen ihre Reichweite erhöhen, das Image verbessern und letztendlich mehr Kunden gewinnen.

Erstellung einer Online-PR-Strategie für Immobilienunternehmen

In der heutigen digitalen Welt ist es unerlässlich, eine Online-PR-Strategie zu entwickeln, um die Sichtbarkeit und Reichweite eines Immobilienunternehmens zu erhöhen. Eine gut geplante Online-PR-Strategie kann dazu beitragen, das Vertrauen und die Glaubwürdigkeit bei potenziellen Kunden zu stärken und somit den Umsatz zu steigern.

Die Erstellung einer Online-PR-Strategie für Immobilienunternehmen erfordert ein gewisses Verständnis für die Zielgruppe und die Bedürfnisse der Kunden. Hier sind einige Schritte, die bei der Entwicklung einer erfolgreichen Online-PR-Strategie berücksichtigt werden sollten:

Sebastian Römischer

Digitales Marketing für Immobilienunternehmen

1. **Zielgruppenanalyse**:

Bevor eine Online-PR-Strategie entwickelt wird, ist es wichtig, die Zielgruppe des Immobilienunternehmens zu kennen. Wer sind die Kunden und welche Bedürfnisse haben sie? Welche Online-Plattformen nutzen sie am häufigsten?

2. **Content-Strategie**:

Eine erfolgreiche Online-PR-Strategie beinhaltet eine Content-Strategie. Hierbei geht es darum, qualitativ hochwertigen Content zu erstellen, der die Kunden anspricht und ihre Bedürfnisse erfüllt. Dies kann in Form von Blog-Artikeln, Videos oder Infografiken erfolgen.

3. **Social-Media-Strategie**:

Eine Social-Media-Strategie spielt eine wichtige Rolle bei der Erstellung einer Online-PR-Strategie. Hierbei geht es darum, die Zielgruppe auf den verschiedenen Social-Media-Plattformen anzusprechen und zu erreichen. Eine Social-Media-Strategie kann auch dazu beitragen, das Vertrauen und die Glaubwürdigkeit des Unternehmens aufzubauen.

4. **Suchmaschinenoptimierung (SEO)**:

Eine gute SEO-Strategie kann dazu beitragen, dass das Unternehmen bei relevanten Suchanfragen auf den oberen Plätzen der Suchergebnisse

Digitales Marketing für Immobilienunternehmen

erscheint. Dies kann dazu beitragen, die Sichtbarkeit des Unternehmens zu erhöhen und somit mehr potenzielle Kunden anzusprechen.

5. **E-Mail-Marketing**:

Eine E-Mail-Marketing-Strategie kann dazu beitragen, den Kunden regelmäßig über Neuigkeiten und Angebote des Unternehmens zu informieren. Dies kann dazu beitragen, die Kundenbindung zu stärken und den Umsatz zu steigern.

6. **Influencer-Marketing**:

Eine Influencer-Marketing-Strategie kann dazu beitragen, das Unternehmen bei potenziellen Kunden bekannter zu machen. Hierbei geht es darum, mit einflussreichen Personen in der Branche zusammenzuarbeiten, um das Unternehmen zu bewerben.

7. **Affiliate-Marketing**:

Eine Affiliate-Marketing-Strategie kann dazu beitragen, das Unternehmen bei einem größeren Publikum bekannt zu machen. Hierbei geht es darum, mit anderen Unternehmen zusammenzuarbeiten, um das Unternehmen zu bewerben.

Digitales Marketing für Immobilienunternehmen

8. **Video-Marketing**:

Eine Video-Marketing-Strategie kann dazu beitragen, dass das Unternehmen bei potenziellen Kunden im Gedächtnis bleibt. Hierbei geht es darum, qualitativ hochwertige Videos zu erstellen, die die Kunden ansprechen und ihre Bedürfnisse erfüllen.

9. **Mobile-Marketing**:

Eine Mobile-Marketing-Strategie kann dazu beitragen, dass das Unternehmen auch von Kunden erreicht wird, die häufig mobil unterwegs sind. Hierbei geht es darum, eine mobile Website oder App zu erstellen, die für die Kunden einfach zu bedienen ist.

10. **Webanalyse**:

Eine Webanalyse-Strategie kann dazu beitragen, den Erfolg der Online-PR-Strategie zu messen und zu optimieren. Hierbei geht es darum, die verschiedenen Online-Marketing-Maßnahmen zu analysieren und zu optimieren, um die Sichtbarkeit und Reichweite des Unternehmens zu erhöhen.

Fazit

Eine erfolgreiche Online-PR-Strategie erfordert Zeit und Mühe, aber sie kann dazu beitragen, das Unternehmen bei potenziellen Kunden bekannter

Sebastian Römischer

Digitales Marketing für Immobilienunternehmen

zu machen und somit den Umsatz zu steigern. Indem man die Bedürfnisse der Zielgruppe versteht und eine gut durchdachte Online-PR-Strategie entwickelt, kann man das Unternehmen erfolgreich in der digitalen Welt positionieren.

Verbreitung von Online-PR für Immobilienunternehmen

Online-PR ist ein wichtiger Bestandteil des digitalen Marketings. Für Immobilienunternehmen bietet die Online-PR eine hervorragende Möglichkeit, ihre Produkte und Dienstleistungen zu bewerben und ihre Zielgruppe zu erreichen. Es ist eine kosteneffektive Methode, um das Interesse potenzieller Kunden zu wecken und das Image des Unternehmens zu verbessern.

Eine der wichtigsten Plattformen für die Verbreitung von Online-PR ist die eigene Website des Unternehmens. Hier können Immobilienunternehmen ihre Produkte und Dienstleistungen vorstellen und detaillierte Informationen bereitstellen. SEO-Optimierung ist hierbei ein wichtiger Faktor, um sicherzustellen, dass die Website in den Suchergebnissen ganz oben erscheint. Dadurch erhöht sich die Sichtbarkeit der Website und damit auch die Chance, von potenziellen Kunden gefunden zu werden.

Social-Media-Plattformen wie Facebook, Instagram, Twitter oder LinkedIn sind ebenfalls wichtige Kanäle, um Online-PR zu verbreiten. Die Plattformen können genutzt werden, um interessante Beiträge, Fotos und Videos zu veröffentlichen und somit die Aufmerksamkeit der Nutzer zu

Digitales Marketing für Immobilienunternehmen

gewinnen. Eine regelmäßige Aktualisierung der Social-Media-Profile ist hierbei entscheidend, um das Interesse der Nutzer aufrechtzuerhalten.

E-Mail-Marketing ist eine weitere effektive Möglichkeit, um Online-PR zu verbreiten. Immobilienunternehmen können Newsletter versenden, um ihre Kunden über neue Produkte und Dienstleistungen zu informieren. Es ist wichtig, dass die Newsletter personalisiert sind und einen Mehrwert für die Empfänger bieten, um die Öffnungs- und Klickrate zu erhöhen.

Influencer-Marketing ist eine relativ neue Methode, um die Reichweite von Online-PR zu erhöhen. Immobilienunternehmen können mit Influencern zusammenarbeiten, um ihre Produkte und Dienstleistungen zu bewerben. Es ist wichtig, dass die Influencer zur Zielgruppe des Unternehmens passen und eine hohe Reichweite haben, um die gewünschte Wirkung zu erzielen.

Content-Marketing ist ein weiterer wichtiger Aspekt der Online-PR. Immobilienunternehmen können informative und unterhaltsame Inhalte wie Blogartikel, Videos oder Infografiken erstellen, um das Interesse potenzieller Kunden zu wecken. Der Inhalt sollte relevant und ansprechend sein und auf die Bedürfnisse der Zielgruppe zugeschnitten sein.

Affiliate-Marketing ist eine weitere Methode, um die Verbreitung von Online-PR zu erhöhen. Immobilienunternehmen können mit anderen Unternehmen oder Influencern zusammenarbeiten, um ihre Produkte und Dienstleistungen zu bewerben. Dabei erhält der Partner eine Provision für jeden vermittelten Kunden.

Sebastian Römischer

Digitales Marketing für Immobilienunternehmen

Video-Marketing ist eine sehr effektive Methode, um Online-PR zu verbreiten. Immobilienunternehmen können Videos erstellen, um ihre Produkte und Dienstleistungen vorzustellen oder virtuelle Rundgänge durch die Immobilien anzubieten. Es ist wichtig, dass die Videos informativ und ansprechend sind und eine hohe Qualität haben.

Mobile-Marketing ist ein wichtiger Aspekt der Online-PR, da immer mehr Menschen mobile Geräte verwenden. Immobilienunternehmen sollten sicherstellen, dass ihre Website und ihre Inhalte für mobile Geräte optimiert sind, um eine optimale Nutzererfahrung zu bieten.

Webanalyse ist ein wichtiger Faktor, um den Erfolg der Online-PR zu messen. Immobilienunternehmen sollten regelmäßig ihre Website und ihre Social-Media-Profile analysieren, um zu sehen, welche Inhalte am besten funktionieren und wo Verbesserungen vorgenommen werden können.

Fazit

Insgesamt bietet die Online-PR eine Vielzahl von Möglichkeiten für Immobilienunternehmen, um ihre Produkte und Dienstleistungen zu bewerben und ihre Zielgruppe zu erreichen. Eine sorgfältige Planung und Umsetzung ist jedoch entscheidend, um den gewünschten Erfolg zu erzielen.

Sebastian Römischer

Digitales Marketing für Immobilienunternehmen

Best Practices für Online-PR im Immobilienbereich

Online-PR ist ein wichtiger Bestandteil des digitalen Marketings für Immobilienunternehmen. Sie ermöglicht es, Zielgruppen auf verschiedenen Plattformen zu erreichen und die Reichweite der eigenen Marke zu erhöhen. Um erfolgreich in der Online-PR zu agieren, sind einige Best Practices zu beachten.

1. Zielgruppen definieren

Bevor Sie mit Ihrer Online-PR starten, sollten Sie sich über Ihre Zielgruppen im Klaren sein. Welche Personen möchten Sie erreichen? Was sind ihre Bedürfnisse und Interessen? Erst wenn Sie diese Fragen beantwortet haben, können Sie gezielt passende Inhalte erstellen und Ihre Zielgruppen auf den richtigen Plattformen ansprechen.

2. Inhalte erstellen

Inhalte sind das Herzstück der Online-PR. Sie sollten informativ, unterhaltsam und relevant für Ihre Zielgruppen sein. Dabei können Sie verschiedene Formate wie Blog-Beiträge, Videos oder Infografiken nutzen. Wichtig ist, dass Sie Ihre Inhalte regelmäßig aktualisieren und auf die Bedürfnisse Ihrer Zielgruppen abstimmen.

Sebastian Römischer

Digitales Marketing für Immobilienunternehmen

3. **Social-Media-Kanäle nutzen**

Social-Media-Plattformen wie Facebook, Instagram oder LinkedIn bieten eine ideale Möglichkeit, um Ihre Zielgruppen zu erreichen. Hier können Sie Ihre Inhalte teilen und mit Ihren Followern in Kontakt treten. Wichtig ist, dass Sie auf jedem Kanal eine eigene Strategie entwickeln und passende Inhalte teilen.

4. **Suchmaschinenoptimierung (SEO)**

Eine erfolgreiche Online-PR ist ohne Suchmaschinenoptimierung nicht denkbar. Mit gezielten Maßnahmen können Sie Ihre Website für Suchmaschinen wie Google optimieren und so Ihre Sichtbarkeit erhöhen. Dazu gehören unter anderem die Optimierung von Keywords, die Verbesserung der Ladezeiten oder die Erstellung von hochwertigen Backlinks.

5. **E-Mail-Marketing**

Auch E-Mail-Marketing ist ein wichtiger Bestandteil der Online-PR. Mit gezielten Newsletter-Kampagnen können Sie Ihre Zielgruppen direkt ansprechen und über Neuigkeiten und Angebote informieren. Wichtig ist, dass Sie Ihre E-Mails personalisiert und relevant für Ihre Empfänger gestalten.

Digitales Marketing für Immobilienunternehmen

6. Influencer-Marketing

Influencer-Marketing bietet eine ideale Möglichkeit, um Ihre Zielgruppen über Social-Media-Kanäle zu erreichen. Durch die Zusammenarbeit mit Influencern können Sie Ihre Reichweite erhöhen und Ihre Marke bekannter machen. Wichtig ist, dass Sie passende Influencer auswählen und eine langfristige Zusammenarbeit anstreben.

7. Content-Marketing

Content-Marketing ist eng mit der Online-PR verbunden. Durch die Erstellung hochwertiger Inhalte können Sie Ihre Zielgruppen auf verschiedenen Plattformen ansprechen und ihre Aufmerksamkeit gewinnen. Wichtig ist, dass Sie Inhalte erstellen, die einen Mehrwert für Ihre Zielgruppen bieten und Ihre Marke positiv darstellen.

8. Affiliate-Marketing

Affiliate-Marketing bietet eine ideale Möglichkeit, um Ihr Angebot über verschiedene Kanäle zu vermarkten. Hierbei arbeiten Sie mit Partnern zusammen, die Ihre Angebote auf ihren Website oder Social-Media-Kanälen bewerben. Wichtig ist, dass Sie passende Partner auswählen und eine langfristige Zusammenarbeit anstreben.

Sebastian Römischer

Digitales Marketing für Immobilienunternehmen

9. **Video-Marketing**

Videos sind ein effektives Medium, um Ihre Zielgruppen zu erreichen. Mit hochwertigen Videos können Sie komplexe Themen einfach erklären oder Ihre Angebote in Szene setzen. Wichtig ist, dass Sie Ihre Videos auf verschiedenen Plattformen teilen und passend zu Ihren Zielgruppen gestalten.

10. **Mobile-Marketing**

Mobile-Marketing ist ein wichtiger Bestandteil der Online-PR. Mit gezielten Maßnahmen können Sie Ihre Zielgruppen über mobile Geräte wie Smartphones oder Tablets erreichen. Dazu gehören unter anderem die Optimierung Ihrer Website für mobile Geräte oder die Erstellung passender Apps.

11. **Webanalyse**

Eine erfolgreiche Online-PR erfordert eine kontinuierliche Analyse und Optimierung. Mit Hilfe von Webanalyse-Tools können Sie Ihre Maßnahmen überwachen und optimieren. Wichtig ist, dass Sie regelmäßig Reports erstellen und Ihre Strategie entsprechend anpassen.

Digitales Marketing für Immobilienunternehmen

Fazit

Eine erfolgreiche Online-PR erfordert eine klare Strategie und gezielte Maßnahmen. Durch die Definition Ihrer Zielgruppen, die Erstellung hochwertiger Inhalte und die Nutzung verschiedener Kanäle können Sie Ihre Reichweite erhöhen und Ihre Marke bekannter machen. Wichtig ist, dass Sie regelmäßig Ihre Maßnahmen überwachen und optimieren, um langfristig erfolgreich zu sein.

Affiliate-Marketing

Einführung in Affiliate-Marketing

Affiliate-Marketing ist eine beliebte Methode, um online Geld zu verdienen. Es ist eine Art von Marketing, bei der ein Unternehmen oder eine Person Produkte oder Dienstleistungen von anderen Unternehmen bewirbt und dafür eine Provision erhält, wenn ein Verkauf oder eine Aktion generiert wird. Affiliate-Marketing kann für Immobilienunternehmen sehr vorteilhaft sein, da es eine Möglichkeit bietet, ihre Produkte und Dienstleistungen einem größeren Publikum zu präsentieren und gleichzeitig den Verkauf zu steigern.

Digitales Marketing für Immobilienunternehmen

Wie funktioniert Affiliate-Marketing?

Ein Affiliate-Programm ist eine Partnerschaft zwischen einem Unternehmen und einem Affiliate. Der Affiliate bewirbt das Produkt oder die Dienstleistung des Unternehmens und erhält eine Provision für jeden Verkauf oder jede Aktion, die durch seinen einzigartigen Affiliate-Link generiert wird. Der Affiliate-Link ist ein spezieller Link, der dem Affiliate zugeordnet ist und es dem Unternehmen ermöglicht, den Verkauf oder die Aktion dem Affiliate zuzuschreiben.

Warum ist Affiliate-Marketing wichtig für Immobilienunternehmen?

Affiliate-Marketing bietet Immobilienunternehmen die Möglichkeit, ihre Produkte und Dienstleistungen online zu bewerben und gleichzeitig den Verkauf zu steigern. Es ist eine kosteneffektive Möglichkeit, um das Marketing-Budget zu maximieren und den ROI zu erhöhen. Außerdem können Immobilienunternehmen ihre Reichweite erhöhen, indem sie mit anderen Unternehmen und Influencern zusammenarbeiten, um ihre Produkte und Dienstleistungen einem größeren Publikum zu präsentieren.

Wie können Immobilienunternehmen Affiliate-Marketing nutzen?

Immobilienunternehmen können Affiliate-Marketing nutzen, indem sie ein Affiliate-Programm einrichten und ihre Produkte und Dienstleistungen anderen Unternehmen und Influencern zur Verfügung stellen. Sie können auch mit anderen Unternehmen und Influencern zusammenarbeiten, um

Sebastian Römischer

Digitales Marketing für Immobilienunternehmen

ihre Produkte und Dienstleistungen einem größeren Publikum zu präsentieren. Immobilienunternehmen sollten auch sicherstellen, dass sie ihre Affiliate-Links auf ihren Websites und Social-Media-Kanälen integrieren, um den Verkauf zu steigern.

Fazit

Affiliate-Marketing ist eine kosteneffektive Möglichkeit, um das Marketing-Budget zu maximieren und den ROI zu erhöhen. Immobilienunternehmen sollten Affiliate-Marketing nutzen, um ihre Produkte und Dienstleistungen einem größeren Publikum zu präsentieren und gleichzeitig den Verkauf zu steigern. Es ist wichtig, ein Affiliate-Programm einzurichten und mit anderen Unternehmen und Influencern zusammenzuarbeiten, um die Reichweite zu erhöhen.

Warum Affiliate-Marketing wichtig ist für Immobilienunternehmen

In der heutigen digitalen Welt ist Affiliate-Marketing ein wesentlicher Bestandteil des Online-Marketings. Immobilienunternehmen können davon profitieren, indem sie ihre Produkte und Dienstleistungen über Partnerprogramme bewerben. Affiliate-Marketing bietet viele Vorteile für Immobilienunternehmen, insbesondere in Bezug auf Reichweite, Zielgruppenorientierung und Konversionsraten.

Sebastian Römischer

Digitales Marketing für Immobilienunternehmen

Affiliate-Marketing ist eine Form des Online-Marketings, bei der Unternehmen ihre Produkte und Dienstleistungen über Partnerprogramme bewerben. Diese Partnerprogramme werden von Websites betrieben, die in der Regel eine hohe Anzahl an Besuchern haben. Wenn ein Besucher auf den Affiliate-Link klickt und eine Transaktion ausführt, erhält der Affiliate eine Provision.

Für Immobilienunternehmen bietet Affiliate-Marketing viele Vorteile. Zum einen kann das Unternehmen durch die Zusammenarbeit mit Partnern eine höhere Reichweite erzielen. Die Partner können das Unternehmen auf ihren Websites bewerben und so potenzielle Kunden erreichen, die das Unternehmen sonst nicht erreicht hätte.

Darüber hinaus ist Affiliate-Marketing sehr zielgruppenorientiert. Immobilienunternehmen können Partner auswählen, die eine ähnliche Zielgruppe ansprechen. So können sie sicherstellen, dass ihre Werbung potenzielle Kunden erreicht, die auch tatsächlich an ihren Produkten und Dienstleistungen interessiert sind.

Ein weiterer Vorteil von Affiliate-Marketing ist die hohe Konversionsrate. Die Partner, die das Unternehmen bewerben, haben in der Regel eine hohe Glaubwürdigkeit bei ihrer Zielgruppe. Wenn diese Partner das Unternehmen empfehlen, ist die Wahrscheinlichkeit höher, dass potenzielle Kunden tatsächlich eine Transaktion ausführen.

Sebastian Römischer

Digitales Marketing für Immobilienunternehmen

Affiliate-Marketing bietet auch eine einfache Möglichkeit, die Leistung der Werbung zu messen. Immobilienunternehmen können die Klicks, Conversions und Verkäufe, die über Affiliate-Links generiert werden, leicht verfolgen. Dies ermöglicht es dem Unternehmen, die Wirksamkeit seiner Werbung zu messen und zu optimieren.

Fazit

Zusammenfassend lässt sich sagen, dass Affiliate-Marketing ein wichtiger Bestandteil des Online-Marketings für Immobilienunternehmen ist. Es bietet viele Vorteile, wie eine höhere Reichweite, eine zielgerichtete Werbung und eine hohe Konversionsrate. Immobilienunternehmen sollten daher ihre Marketingstrategie um Affiliate-Marketing erweitern, um von diesen Vorteilen zu profitieren.

Identifizierung und Auswahl von Affiliates im Immobilienbereich

Affiliate-Marketing ist eine effektive Möglichkeit für Immobilienunternehmen, um ihre Reichweite zu erhöhen und mehr potenzielle Kunden zu erreichen. Doch wie identifiziert und wählt man die richtigen Affiliates aus?

Zunächst einmal sollten Sie sich überlegen, welche Art von Affiliates für Ihr Unternehmen am besten geeignet sind. Möchten Sie sich beispielsweise auf Home-Staging- oder Renovierungsunternehmen konzentrieren, um eine

Digitales Marketing für Immobilienunternehmen

Zusammenarbeit zu starten? Oder suchen Sie nach Bloggern und Influencern, die sich auf die Immobilienbranche spezialisiert haben?

Sobald Sie Ihre Zielgruppe definiert haben, können Sie damit beginnen, potenzielle Affiliates zu identifizieren. Eine Möglichkeit ist die Suche nach relevanten Websites und Blogs, die sich mit Ihrer Branche befassen. Hier können Sie nach Blogs suchen, die sich auf Immobilien, Renovierungen oder Architektur spezialisiert haben.

Ein weiterer Ansatz ist die Nutzung von Affiliate-Netzwerken, die eine Vielzahl von Affiliates in verschiedenen Branchen zusammenfassen. Hier können Sie gezielt nach Affiliates suchen, die Ihren Anforderungen entsprechen.

Wenn Sie potenzielle Affiliates gefunden haben, sollten Sie sich ihre Reichweite und Zielgruppe genauer ansehen. Sind ihre Follower und Leser auch potenzielle Kunden für Ihr Unternehmen? Haben sie eine hohe Interaktionsrate und können sie Ihre Botschaft effektiv verbreiten?

Wenn Sie sich für eine Zusammenarbeit mit einem Affiliate entschieden haben, ist es wichtig, klare Vereinbarungen zu treffen. Legen Sie Ihre Erwartungen und Ziele fest und definieren Sie, welche Art von Werbung und Promotionen erlaubt sind.

Insgesamt kann Affiliate-Marketing eine effektive Strategie für Immobilienunternehmen sein, um ihre Reichweite zu erhöhen und neue

Sebastian Römischer

Digitales Marketing für Immobilienunternehmen

Kunden zu gewinnen. Durch die Identifizierung und Auswahl der richtigen Affiliates können Sie sicherstellen, dass Ihre Botschaft relevant und effektiv verbreitet wird.

Zusammenarbeit mit Affiliates für Immobilienunternehmen

Affiliate-Marketing kann ein effektiver Weg sein, um das Online-Marketing eines Immobilienunternehmens zu verbessern. Wenn Sie als Immobilienunternehmen eine Zusammenarbeit mit Affiliates in Betracht ziehen, sollten Sie die folgenden Schritte beachten.

Schritt 1: Identifizieren Sie Ihre Zielgruppe

Bevor Sie mit Affiliates zusammenarbeiten, müssen Sie Ihre Zielgruppe identifizieren. Wer sind Ihre potenziellen Kunden? Was sind ihre Bedürfnisse und Interessen? Welche Websites besuchen sie regelmäßig? Indem Sie Ihre Zielgruppe verstehen, können Sie die richtigen Affiliates auswählen, die Zugang zu Ihrer Zielgruppe haben.

Schritt 2: Finden Sie die richtigen Affiliates

Um die richtigen Affiliates zu finden, sollten Sie Ihre Recherche gründlich durchführen. Suchen Sie nach Websites, die sich auf Immobilien oder verwandte Themen spezialisiert haben, wie beispielsweise Renovierung oder Inneneinrichtung. Überprüfen Sie auch ihre Besucherzahlen und ihre

Digitales Marketing für Immobilienunternehmen

Reichweite auf den sozialen Medien, um sicherzustellen, dass sie eine ausreichende Anzahl von potenziellen Kunden erreichen.

Schritt 3: Vereinbaren Sie eine Zusammenarbeit

Sobald Sie die richtigen Affiliates gefunden haben, sollten Sie mit ihnen eine Zusammenarbeit vereinbaren. Legen Sie fest, welche Art von Affiliate-Marketing-Programm Sie anbieten möchten. Es gibt verschiedene Möglichkeiten, wie Sie mit Affiliates zusammenarbeiten können, wie beispielsweise Pay-per-Click, Pay-per-Sale oder Pay-per-Lead. Stellen Sie sicher, dass Sie eine klare Vereinbarung treffen, die die Bedingungen und Vergütungen für die Zusammenarbeit enthält.

Schritt 4: Verfolgen Sie Ihre Ergebnisse

Um zu überprüfen, ob Ihre Zusammenarbeit mit Affiliates erfolgreich ist, sollten Sie Ihre Ergebnisse verfolgen. Verwenden Sie Analysetools, um zu messen, wie viele Conversions Sie von den Affiliates erhalten haben. Überprüfen Sie auch regelmäßig die Leistung der Affiliates, um sicherzustellen, dass sie die Erwartungen erfüllen.

Digitales Marketing für Immobilienunternehmen

Zusammenfassung

Affiliate-Marketing kann ein wirksames Instrument sein, um das Online-Marketing eines Immobilienunternehmens zu verbessern. Indem Sie Ihre Zielgruppe identifizieren, die richtigen Affiliates finden, eine Zusammenarbeit vereinbaren und Ihre Ergebnisse verfolgen, können Sie sicherstellen, dass Ihre Affiliate-Marketing-Kampagne erfolgreich ist.

Best Practices für Affiliate-Marketing im Immobilienbereich

Affiliate-Marketing ist eine effektive Möglichkeit, um im Immobilienbereich neue Leads zu generieren und den Verkauf von Immobilien zu steigern. Es ist jedoch wichtig, dass Sie dabei einige Best Practices beachten, um erfolgreich zu sein.

1. Wählen Sie die richtigen Partner aus

Es ist wichtig, dass Sie die richtigen Partner auswählen, um erfolgreich im Affiliate-Marketing zu sein. Suchen Sie nach Partnern, die eine ähnliche Zielgruppe haben und die Ihre Produkte und Dienstleistungen unterstützen. Dabei sollten Sie auch auf die Reputation und das Image Ihrer Partner achten.

Sebastian Römischer

Digitales Marketing für Immobilienunternehmen

2. **Verstehen Sie Ihre Zielgruppe**

Um erfolgreich im Affiliate-Marketing zu sein, müssen Sie Ihre Zielgruppe verstehen. Analysieren Sie ihre Bedürfnisse und Interessen, um relevante Inhalte und Angebote zu erstellen, die sie ansprechen. Verwenden Sie auch Tracking-Tools, um das Verhalten Ihrer Zielgruppe zu analysieren und Ihre Affiliate-Strategie zu optimieren.

3. **Erstellen Sie ansprechende Inhalte**

Erstellen Sie ansprechende Inhalte, die Ihre Zielgruppe ansprechen. Verwenden Sie Bilder, Videos und Infografiken, um Ihre Immobilien zu präsentieren. Stellen Sie sicher, dass Ihre Inhalte informativ und relevant sind und einen Mehrwert für Ihre Zielgruppe bieten.

4. **Bieten Sie attraktive Angebote**

Bieten Sie attraktive Angebote, um Ihre Zielgruppe zu überzeugen. Dies kann Rabatte, besondere Angebote oder kostenlose Dienstleistungen umfassen. Stellen Sie sicher, dass Ihre Angebote klar und prägnant sind und Ihre Zielgruppe ansprechen.

Digitales Marketing für Immobilienunternehmen

5. **Verwenden Sie effektive Tracking-Tools**

Verwenden Sie effektive Tracking-Tools, um den Erfolg Ihrer Affiliate-Strategie zu messen. Analysieren Sie Ihre Daten regelmäßig, um Ihre Strategie zu optimieren und Ihre Angebote und Inhalte zu verbessern.

Fazit

Affiliate-Marketing kann eine effektive Möglichkeit sein, um im Immobilienbereich neue Leads zu generieren und den Verkauf von Immobilien zu steigern. Es ist jedoch wichtig, dass Sie dabei einige Best Practices beachten, um erfolgreich zu sein. Wählen Sie die richtigen Partner aus, verstehen Sie Ihre Zielgruppe, erstellen Sie ansprechende Inhalte, bieten Sie attraktive Angebote und verwenden Sie effektive Tracking-Tools, um den Erfolg Ihrer Affiliate-Strategie zu messen.

Video-Marketing

Einführung in Video-Marketing

Video-Marketing ist eine der effektivsten Strategien im digitalen Marketing und wird auch im Immobiliensektor immer beliebter. Mit Videos können Sie Ihre Zielgruppe auf eine emotionale und visuelle Art und Weise ansprechen und Ihre Botschaften auf eine kreative und interessante Weise vermitteln.

Digitales Marketing für Immobilienunternehmen

Videos können in verschiedenen Formaten erstellt werden, wie zum Beispiel Imagefilme, 360-Grad-Videos, virtuelle Touren oder Erklärvideos. Es ist wichtig, dass das Video auf die Bedürfnisse und Interessen Ihrer Zielgruppe zugeschnitten ist und eine klare Botschaft vermittelt.

Im Immobiliensektor können Videos dazu beitragen, Ihre Objekte auf eine ansprechende und informative Weise zu präsentieren. Mit einem Imagefilm können Sie Ihre Marke stärken und Ihre Einzigartigkeit herausstellen. 360-Grad-Videos und virtuelle Touren ermöglichen es Ihren Kunden, sich ein realistisches Bild von Ihrem Objekt zu machen, ohne es vor Ort besichtigen zu müssen. Erklärvideos können dabei helfen, komplexe Themen wie Finanzierung oder Bauprozesse zu vereinfachen und verständlicher zu machen.

Um ein erfolgreiches Video-Marketing zu betreiben, ist es wichtig, eine klare Strategie zu entwickeln. Zunächst sollten Sie sich über Ihre Ziele und Zielgruppe im Klaren sein. Welche Botschaft möchten Sie vermitteln und wer ist Ihre Zielgruppe? Anschließend sollten Sie ein Konzept entwickeln und sich über das Format und die Inhalte des Videos Gedanken machen. Eine gute Planung ist entscheidend, um ein qualitativ hochwertiges Video zu produzieren, das Ihre Zielgruppe anspricht.

Ein weiterer wichtiger Faktor ist die Verbreitung des Videos. Sie können das Video auf Ihrer Website, auf YouTube oder auf Social-Media-Kanälen wie Facebook oder Instagram teilen. Es ist auch möglich, das Video in E-Mail-Kampagnen oder auf Messen und Veranstaltungen zu präsentieren.

Sebastian Römischer

Digitales Marketing für Immobilienunternehmen

Wichtig dabei ist, dass das Video auf die jeweilige Plattform und Zielgruppe abgestimmt ist.

Fazit

Insgesamt ist Video-Marketing eine effektive Möglichkeit, um im Immobiliensektor Aufmerksamkeit zu erlangen und Ihre Objekte auf eine kreative und informative Weise zu präsentieren. Eine gut geplante und hochwertige Produktion kann dabei helfen, Ihre Marke zu stärken und mehr Kunden zu gewinnen.

Warum Video-Marketing wichtig ist für Immobilienunternehmen

In der heutigen digitalen Welt ist Video-Marketing ein wichtiger Bestandteil der Marketingstrategie jedes Immobilienunternehmens. Die Verwendung von Videos zur Förderung von Immobilien hat in den letzten Jahren erheblich zugenommen, da es sich als äußerst effektiv erwiesen hat, um potenzielle Käufer zu erreichen.

Das Erstellen von Video-Inhalten ermöglicht es Immobilienunternehmen, ihre Angebote auf eine einzigartige und kreative Weise zu präsentieren. Videos können eine Vielzahl von Informationen enthalten, wie z.B. eine virtuelle Tour durch eine Immobilie, Interviews mit Experten der Branche, Kundenbewertungen und vieles mehr. Dadurch können Kunden eine

Sebastian Römischer

Digitales Marketing für Immobilienunternehmen

Immobilie aus verschiedenen Blickwinkeln betrachten und sich ein besseres Bild davon machen.

Ein weiterer Vorteil von Video-Marketing ist die Möglichkeit, eine emotionale Verbindung zu potenziellen Käufern aufzubauen. Durch die Verwendung von emotional ansprechenden Inhalten wie Musik, Stimme und visuellen Effekten können Immobilienunternehmen eine emotionale Reaktion bei den Zuschauern hervorrufen. Dadurch können sie das Interesse der Kunden wecken und sie dazu bringen, eine Immobilie zu besichtigen oder weitere Informationen anzufordern.

Darüber hinaus können Videos auf verschiedenen Plattformen und Kanälen veröffentlicht werden, wie z.B. auf der Firmenwebsite, auf YouTube, in sozialen Medien und vielem mehr. Dadurch können Immobilienunternehmen eine größere Reichweite erzielen und potenzielle Käufer auf verschiedenen Plattformen erreichen.

Eine weitere wichtige Rolle spielt das Video-Marketing in der Suchmaschinenoptimierung (SEO). Suchmaschinen wie Google bevorzugen Websites, die Video-Inhalte enthalten, und ermöglichen es den Zuschauern, auf der Website länger zu verweilen. Dadurch verbessert sich das Ranking der Website in den Suchergebnissen, was wiederum zu mehr Traffic und potenziellen Käufern führen kann.

Sebastian Römischer

Digitales Marketing für Immobilienunternehmen

Fazit

Insgesamt ist Video-Marketing ein äußerst wichtiger Bestandteil der Marketingstrategie jedes Immobilienunternehmens. Es ermöglicht es, potenzielle Käufer zu erreichen, eine emotionale Verbindung aufzubauen und das Ranking der Website in den Suchergebnissen zu verbessern. Immobilienunternehmen sollten daher Video-Marketing in ihre Marketingstrategie integrieren, um ihre Reichweite zu erhöhen und mehr potenzielle Käufer zu gewinnen.

Erstellung von Video-Inhalten für Immobilienunternehmen

In der heutigen digitalen Welt ist es für Immobilienunternehmen von größter Bedeutung, einen starken Online-Präsenz zu haben. Eine der besten Möglichkeiten, dies zu erreichen, ist durch das Erstellen von Video-Inhalten. Videos sind eine hervorragende Möglichkeit, um potenziellen Kunden ein realistisches Gefühl für Immobilien zu geben, die sie kaufen oder mieten möchten.

Wenn Sie ein Immobilienunternehmen sind, das noch nicht viel Erfahrung im Erstellen von Video-Inhalten hat, gibt es einige wichtige Dinge, die Sie beachten sollten. Hier sind einige Tipps, die Ihnen helfen können, qualitativ hochwertige Videos zu erstellen, die Ihre Zielgruppe ansprechen.

Erstens ist es wichtig, sich auf die Qualität Ihrer Videos zu konzentrieren. Dies bedeutet, dass Sie sicherstellen müssen, dass Ihr Video eine klare und verständliche Sprache hat, eine gute Bildqualität aufweist und dass

Digitales Marketing für Immobilienunternehmen

der Ton klar und deutlich ist. Sie sollten auch sicherstellen, dass Sie eine interessante und ansprechende Geschichte erzählen, um das Interesse Ihrer Zielgruppe zu wecken.

Zweitens sollten Sie sicherstellen, dass Sie Ihre Video-Inhalte auf Ihre Zielgruppe abstimmen. Wenn Sie beispielsweise Immobilien für junge Familien verkaufen, sollten Sie Ihre Videos so gestalten, dass sie diese Zielgruppe ansprechen. Sie sollten auch sicherstellen, dass Sie Ihre Videos auf den Plattformen teilen, auf denen Ihre Zielgruppe am häufigsten aktiv ist.

Drittens sollten Sie sicherstellen, dass Sie Ihre Videos richtig vermarkten. Dies bedeutet, dass Sie Ihre Videos auf Ihrer Website, auf Social-Media-Kanälen und auf anderen relevanten Plattformen teilen sollten. Sie können auch Influencer-Marketing nutzen, um Ihre Videos einer breiteren Zielgruppe zugänglich zu machen.

Fazit

Zusammenfassend lässt sich sagen, dass die Erstellung von Video-Inhalten für Immobilienunternehmen ein wichtiger Bestandteil einer erfolgreichen digitalen Marketingstrategie ist. Wenn Sie diese Tipps befolgen und sicherstellen, dass Sie qualitativ hochwertige und zielgerichtete Videos erstellen, können Sie das Interesse Ihrer Zielgruppe wecken und den Erfolg Ihres Unternehmens steigern.

Sebastian Römischer

Digitales Marketing für Immobilienunternehmen

Verbreitung von Video-Inhalten für Immobilienunternehmen

Die Verbreitung von Video-Inhalten ist eine der effektivsten Möglichkeiten, um potenzielle Kunden auf Immobilien aufmerksam zu machen. Mit der steigenden Bedeutung von Online-Plattformen und sozialen Medien haben Videos mittlerweile einen festen Platz im digitalen Marketing für Immobilienunternehmen. Eine gezielte Verbreitung von Video-Inhalten kann dazu beitragen, das Interesse von Kunden zu wecken und die Sichtbarkeit von Immobilienunternehmen im Internet zu erhöhen.

Social-Media-Marketing

Social-Media-Plattformen wie Facebook, Instagram und YouTube sind ideal, um Video-Inhalte zu teilen. Immobilienunternehmen sollten darauf achten, dass ihre Videos auf allen relevanten Plattformen geteilt werden. Um das Interesse der Zielgruppe zu wecken, sollten die Videos ansprechend gestaltet und inhaltlich auf den Punkt gebracht sein. Durch die Verwendung von Hashtags und gezielten Werbekampagnen können die Videos zudem gezielt an potenzielle Kunden ausgespielt werden.

Suchmaschinenoptimierung (SEO)

Videos können auch dazu beitragen, die Sichtbarkeit von Immobilienunternehmen in Suchmaschinen zu erhöhen. Durch die Einbindung von Video-Inhalten auf der eigenen Website und die

Digitales Marketing für Immobilienunternehmen

Verwendung von relevanten Keywords können Immobilienunternehmen ihre Position in den Suchergebnissen verbessern. Zudem sollten die Videos mit einer aussagekräftigen Beschreibung und einem aussagekräftigen Titel versehen werden, um die Auffindbarkeit zu verbessern.

E-Mail-Marketing

Auch im Rahmen des E-Mail-Marketings können Videos eingesetzt werden. Immobilienunternehmen können ihren Kunden und Interessenten beispielsweise regelmäßig Newsletter mit relevanten Video-Inhalten zusenden. Hierbei sollte darauf geachtet werden, dass die Videos in einer angemessenen Größe und Qualität versendet werden, um eine optimale Wiedergabe sicherzustellen.

Influencer-Marketing

Videos können auch im Rahmen von Influencer-Marketing-Kampagnen eingesetzt werden. Immobilienunternehmen können beispielsweise bekannte Influencer aus der Branche dazu einladen, ihre Immobilien zu besichtigen und ihre Eindrücke in einem Video festzuhalten. Die Verbreitung solcher Videos kann dazu beitragen, das Interesse von potenziellen Kunden zu wecken.

Digitales Marketing für Immobilienunternehmen

Content-Marketing

Videos können auch im Rahmen von Content-Marketing-Kampagnen eingesetzt werden. Immobilienunternehmen können beispielsweise informative Videos zu Themen wie Finanzierung, Immobilienkauf oder -verkauf produzieren und auf ihrer Website oder Social-Media-Plattformen teilen. Solche Videos können dazu beitragen, das Interesse von potenziellen Kunden zu wecken und das Image des Unternehmens zu verbessern.

Online-PR

Videos können auch im Rahmen von Online-PR-Kampagnen eingesetzt werden. Immobilienunternehmen können beispielsweise Pressemitteilungen mit Video-Inhalten versenden, um die Aufmerksamkeit von Journalisten und Medien auf sich zu ziehen. Solche Videos können dazu beitragen, das Image des Unternehmens zu verbessern und das Interesse von potenziellen Kunden zu wecken.

Affiliate-Marketing

Videos können auch im Rahmen von Affiliate-Marketing-Kampagnen eingesetzt werden. Immobilienunternehmen können beispielsweise Affiliate-Partner dazu einladen, ihre Immobilien in einem Video zu präsentieren und diese auf ihrer Website oder Social-Media-Plattformen zu

Digitales Marketing für Immobilienunternehmen

teilen. Die Verbreitung solcher Videos kann dazu beitragen, das Interesse von potenziellen Kunden zu wecken und den Absatz zu steigern.

Mobile-Marketing

Videos sollten auch für mobile Endgeräte optimiert sein. Immobilienunternehmen sollten sicherstellen, dass ihre Videos auf allen gängigen mobilen Endgeräten abspielbar sind und eine gute Qualität aufweisen. Durch die Verbreitung von mobilen Videos können Immobilienunternehmen ihr Publikum erweitern und potenzielle Kunden ansprechen, die vermehrt mobile Endgeräte nutzen.

Webanalyse

Um den Erfolg von Video-Marketing-Kampagnen zu messen, sollten Immobilienunternehmen regelmäßig ihre Web-Analytics-Daten auswerten. Hierbei sollten sie darauf achten, welche Videos besonders erfolgreich sind und von welchen Zielgruppen sie am meisten angesehen werden. Diese Erkenntnisse können dazu beitragen, zukünftige Video-Marketing-Kampagnen effektiver zu gestalten und die Interaktion mit potenziellen Kunden zu verbessern.

Fazit

Die Verbreitung von Video-Inhalten ist eine effektive Möglichkeit, um die Sichtbarkeit von Immobilienunternehmen im Internet zu erhöhen und das

Sebastian Römischer

Digitales Marketing für Immobilienunternehmen

Interesse von potenziellen Kunden zu wecken. Immobilienunternehmen sollten darauf achten, ihre Videos auf allen relevanten Plattformen zu teilen und diese ansprechend zu gestalten. Durch die Einbindung von Videos in verschiedenen Marketingkanälen können Immobilienunternehmen ihre Zielgruppen erweitern und ihre Absatzzahlen steigern.

Best Practices für Video-Marketing im Immobilienbereich

Im heutigen digitalen Zeitalter ist Video-Marketing zu einem wichtigen Instrument geworden, um potenzielle Kunden zu erreichen und zu überzeugen. Auch im Immobilienbereich wird Video-Marketing immer beliebter und erfolgreicher. In diesem Kapitel erfahren Sie, wie Sie Video-Marketing in Ihrer Immobilien-Marketing-Strategie am besten einsetzen können.

1. **Zielgruppenanalyse**

Bevor Sie mit Ihrem Video-Marketing starten, sollten Sie sich über Ihre Zielgruppe im Klaren sein. Welche Altersgruppe, welches Einkommensniveau und welche Interessen haben Ihre potenziellen Kunden? Erstellen Sie eine Buyer Persona und passen Sie Ihre Videos entsprechend an.

Digitales Marketing für Immobilienunternehmen

2. **Authentizität**

Ihre Videos sollten authentisch sein und einen realistischen Einblick in das Immobilienobjekt bieten. Vermeiden Sie übertriebene Versprechungen und unrealistische Darstellungen. Potenzielle Kunden werden schnell enttäuscht, wenn sie vor Ort feststellen, dass das Immobilienobjekt nicht den Erwartungen entspricht.

3. **Storytelling**

Erzählen Sie eine Geschichte in Ihrem Video. Zeigen Sie beispielsweise, wie sich eine Familie in ihrem neuen Zuhause einrichtet und wohlfühlt. Oder präsentieren Sie ein Video über die Umgebung des Immobilienobjektes und was man dort alles erleben kann. Dadurch schaffen Sie eine emotionale Bindung zu potenziellen Kunden.

4. **Professionelle Produktion**

Achten Sie auf eine professionelle Produktion Ihres Videos. Dazu gehört nicht nur eine hochwertige Kamera, sondern auch eine gute Tonqualität und eine ansprechende Beleuchtung. Auch der Schnitt und die Nachbearbeitung des Videos sind entscheidend. Wenn Sie kein Experte auf diesem Gebiet sind, sollten Sie die Produktion einem professionellen Video-Team überlassen.

Digitales Marketing für Immobilienunternehmen

5. **Verbreitung**

Verbreiten Sie Ihre Videos auf verschiedenen Plattformen wie Ihrer Website, YouTube, Facebook, Instagram und LinkedIn. Nutzen Sie auch E-Mail-Marketing, um Ihre Videos an potenzielle Kunden zu senden. Verlinken Sie Ihre Videos auf Ihrer Website und integrieren Sie sie in Ihre Online-PR-Aktivitäten.

Fazit

Video-Marketing ist ein mächtiges Instrument, um potenzielle Kunden anzusprechen und zu überzeugen. Mit den richtigen Best Practices können Sie Ihre Immobilien-Marketing-Strategie erfolgreich ergänzen. Achten Sie auf Authentizität, Storytelling und professionelle Produktion, um Ihre Zielgruppe zu begeistern. Verbreiten Sie Ihre Videos auf verschiedenen Plattformen und integrieren Sie sie in Ihre Online-PR-Aktivitäten.

Mobile-Marketing

Einführung in Mobile-Marketing

Mobile Geräte wie Smartphones und Tablets sind aus unserem Alltag nicht mehr wegzudenken. Sie begleiten uns überall hin und sind mittlerweile zu einem unverzichtbaren Begleiter geworden. Für Unternehmen bietet diese Entwicklung eine enorme Chance, um ihre Zielgruppe direkt und auf

Digitales Marketing für Immobilienunternehmen

personalisierte Art und Weise anzusprechen. Mobile-Marketing ist eine der effektivsten Methoden, um Kunden zu erreichen und zu binden.

Mobile-Marketing umfasst alle Marketingmaßnahmen, die auf mobilen Endgeräten wie Smartphones oder Tablets ausgeführt werden. Diese Maßnahmen können von der Erstellung von Apps über mobile Websites bis hin zu SMS-Marketing reichen. Mobile-Marketing hat den Vorteil, dass es den Kunden direkt und jederzeit erreicht. Es ermöglicht Unternehmen, ihre Kunden auf personalisierte Art und Weise anzusprechen und zu binden.

Für Immobilienunternehmen bietet Mobile-Marketing eine Fülle von Möglichkeiten, um die Zielgruppe zu erreichen. Eine mobile Website ermöglicht es Kunden, von unterwegs aus Informationen zu Immobilien abzurufen und Kontakt mit dem Unternehmen aufzunehmen. Eine Immobilien-App kann Kunden helfen, ihre Suche nach einer passenden Immobilie zu vereinfachen und ihnen gezielte Angebote zu unterbreiten. SMS-Marketing kann dazu genutzt werden, um Kunden über neue Immobilienangebote zu informieren oder sie an bevorstehende Besichtigungen zu erinnern.

Ein weiterer Vorteil von Mobile-Marketing ist die Möglichkeit, gezielt Werbung zu schalten. Durch die Verwendung von Geo-Targeting kann Werbung nur an Kunden in einer bestimmten Region ausgeliefert werden. Das ermöglicht es Unternehmen, ihre Zielgruppe gezielt anzusprechen und Streuverluste zu minimieren.

Sebastian Römischer

Digitales Marketing für Immobilienunternehmen

Um erfolgreiches Mobile-Marketing zu betreiben, ist es wichtig, dass die Inhalte für mobile Geräte optimiert sind. Eine mobile Website sollte schnell laden, übersichtlich gestaltet sein und auf die Bedürfnisse von mobilen Nutzern abgestimmt sein. Eine Immobilien-App sollte einfach zu bedienen sein und dem Kunden gezielte Informationen liefern.

Fazit

Insgesamt bietet Mobile-Marketing eine enorme Chance für Immobilienunternehmen, um ihre Zielgruppe direkt und personalisiert anzusprechen. Es ist wichtig, dass Unternehmen sich an die Bedürfnisse von mobilen Nutzern anpassen und Inhalte für mobile Geräte optimieren. Durch die gezielte Nutzung von Mobile-Marketing können Immobilienunternehmen ihre Zielgruppe erreichen und binden.

Warum Mobile-Marketing wichtig ist für Immobilienunternehmen

In der heutigen digitalen Welt ist es unerlässlich, dass Immobilienunternehmen ihre Marketing-Strategien an die Bedürfnisse ihrer Kunden anpassen. Eine der wichtigsten Herausforderungen besteht darin, eine mobile-freundliche Website zu haben sowie Mobile-Marketing-Strategien zu implementieren, um potenzielle Kunden zu erreichen, die ihre Handys und Tablets nutzen.

Sebastian Römischer

Digitales Marketing für Immobilienunternehmen

Mobile-Marketing bezieht sich auf alle Marketingaktivitäten, die auf mobilen Geräten wie Smartphones und Tablets durchgeführt werden. Es ermöglicht Immobilienunternehmen, ihre Zielgruppe direkt auf ihren Mobilgeräten zu erreichen, was zu höherer Effektivität und Konversionsraten führt.

Die Verwendung von mobilen Geräten hat in den letzten Jahren exponentiell zugenommen. Laut einer Studie verwenden 80% der Internetnutzer ihr Smartphone, um auf das Internet zuzugreifen. Diese Zahlen zeigen, dass es für Immobilienunternehmen unerlässlich ist, ihre Marketing-Strategien an die mobile Nutzung anzupassen.

Mobile-Marketing bietet auch eine Vielzahl von Möglichkeiten, um mit potenziellen Kunden in Kontakt zu treten. Mobile Apps können verwendet werden, um Kunden zu informieren, wenn neue Immobilien auf den Markt kommen oder wenn es Änderungen bei ihren aktuellen Immobilien gibt. Push-Benachrichtigungen können auch verwendet werden, um Kunden an bevorstehende Termine zu erinnern oder sie über aktuelle Veranstaltungen zu informieren.

Mobile-Marketing bietet auch die Möglichkeit, personalisierte Werbeaktionen zu erstellen, die auf den Standort und das Verhalten des Kunden abgestimmt sind. Durch die Verwendung von Geo-Targeting-Technologien können Immobilienunternehmen ihre Marketing-Strategien auf bestimmte geografische Gebiete abstimmen, um potenzielle Kunden in der Nähe anzusprechen.

Sebastian Römischer

Digitales Marketing für Immobilienunternehmen

Zusammenfassend lässt sich sagen, dass Mobile-Marketing für Immobilienunternehmen von entscheidender Bedeutung ist, um potenzielle Kunden direkt auf ihren Mobilgeräten zu erreichen. Es bietet eine Vielzahl von Möglichkeiten, um Kunden zu informieren und zu engagieren, sowie personalisierte Werbeaktionen zu erstellen. Immobilienunternehmen, die ihre Marketing-Strategien an die mobile Nutzung anpassen, werden in der Lage sein, potenzielle Kunden besser zu erreichen und ihre Konversionsraten zu erhöhen.

Mobile-Optimierung von Websites und Apps für Immobilienunternehmen

In der heutigen digitalen Welt ist es unerlässlich, dass Unternehmen ihre Websites und Apps für Mobilgeräte optimieren. Dies gilt insbesondere für Immobilienunternehmen, die aufgrund der Natur ihrer Branche oft mit Kunden zu tun haben, die unterwegs sind und nach Immobilien suchen. Die Mobile-Optimierung von Websites und Apps ist daher ein entscheidender Faktor für den Erfolg von Immobilienunternehmen.

Die Mobile-Optimierung umfasst eine Vielzahl von Maßnahmen, um sicherzustellen, dass eine Website oder App auf Mobilgeräten optimal angezeigt wird. Dazu gehören die Anpassung der Schriftgröße, die Verwendung von größeren Schaltflächen und die Optimierung der Ladezeiten. Eine benutzerfreundliche Navigation ist ebenfalls wichtig, um sicherzustellen, dass die Nutzer schnell und einfach finden, wonach sie suchen.

Sebastian Römischer

Digitales Marketing für Immobilienunternehmen

Eine mobile-optimierte Website oder App kann auch den Suchmaschinenranking verbessern, da Google und andere Suchmaschinen bevorzugt mobil-optimierte Seiten anzeigen. Eine Mobile-Optimierung ist daher ein wichtiger Teil der Suchmaschinenoptimierung (SEO).

Eine App kann auch eine wertvolle Ergänzung zur Website sein, da sie den Nutzern zusätzliche Funktionen zur Verfügung stellt, wie beispielsweise die Möglichkeit, Immobilienangebote zu speichern oder Benachrichtigungen über neue Angebote zu erhalten. Eine App kann auch eine höhere Nutzerbindung bieten, da sie auf dem Startbildschirm des Smartphones sichtbar ist und somit regelmäßig genutzt wird.

Zusätzlich zur Mobile-Optimierung ist es wichtig, dass Immobilienunternehmen ihre Websites und Apps regelmäßig aktualisieren und mit relevanten Inhalten füllen. Eine regelmäßige Aktualisierung der Inhalte kann dazu beitragen, dass Kunden immer wieder auf die Seite zurückkehren und das Unternehmen als vertrauenswürdige Quelle für Immobilieninformationen betrachten.

Insgesamt ist die Mobile-Optimierung von Websites und Apps ein entscheidender Faktor für den Erfolg von Immobilienunternehmen in der digitalen Welt. Unternehmen, die ihre Websites und Apps nicht für Mobilgeräte optimieren, laufen Gefahr, Kunden zu verlieren und im Wettbewerb hinterherzuhinken. Daher sollten Immobilienunternehmen sicherstellen, dass ihre Online-Präsenz mobil-optimiert ist und regelmäßig aktualisiert wird, um Kunden anzulocken und zu binden.

Sebastian Römischer

Digitales Marketing für Immobilienunternehmen

Erstellung von Mobile-Kampagnen für Immobilienunternehmen

Mobile Geräte wie Smartphones und Tablets werden immer mehr zum bevorzugten Zugangsweg zum Internet. Das bedeutet, dass Unternehmen, die in der Immobilienbranche tätig sind, unbedingt auch eine Mobile Marketing-Strategie benötigen. Eine mobile Kampagne kann Ihnen helfen, Ihre Zielgruppe effektiver zu erreichen und Ihre Markenbekanntheit zu steigern. In diesem Kapitel erfahren Sie, wie Sie Ihre eigene mobile Kampagne planen und durchführen können.

Zunächst sollten Sie sich fragen, was das Ziel Ihrer Kampagne ist. Möchten Sie mehr Leads generieren oder Ihre Markenbekanntheit steigern? Möchten Sie mehr Verkäufe erzielen oder einfach nur Ihre Kundenbindung verbessern? Sobald Sie wissen, was Sie erreichen möchten, können Sie sich auf die Erstellung Ihrer Kampagne konzentrieren.

Die erste Sache, die Sie tun sollten, ist sicherzustellen, dass Ihre Website für mobile Geräte optimiert ist. Eine mobile optimierte Website ist schneller und einfacher zu navigieren. Sie sollte auch eine klare Call-to-Action enthalten, um die Wahrscheinlichkeit zu erhöhen, dass ein Besucher Ihrer Website Kontakt mit Ihnen aufnimmt.

Eine weitere wichtige Komponente Ihrer mobilen Kampagne ist die Verwendung von mobilen Anzeigen. Diese können auf verschiedenen Plattformen wie Facebook, Instagram und Google Ads geschaltet werden.

Digitales Marketing für Immobilienunternehmen

Mobile Anzeigen sollten in der Regel kürzer und prägnanter sein als Desktop-Anzeigen, um die Aufmerksamkeit der Nutzer zu gewinnen. Sie sollten auch darauf achten, dass die Anzeigen auf die Zielgruppe zugeschnitten sind und eine klare Botschaft vermitteln.

Eine weitere Möglichkeit, eine mobile Kampagne durchzuführen, ist die Verwendung von SMS-Marketing. Dies kann eine großartige Möglichkeit sein, um Ihre Zielgruppe direkt anzusprechen und sie auf Ihre Angebote aufmerksam zu machen. Stellen Sie jedoch sicher, dass Sie nur an Personen senden, die sich dafür angemeldet haben, um Spamming zu vermeiden.

Zusammenfassend lässt sich sagen, dass eine mobile Kampagne für Immobilienunternehmen unverzichtbar ist, um die Zielgruppe zu erreichen und die Markenbekanntheit zu steigern. Eine mobile optimierte Website, mobile Anzeigen und SMS-Marketing sind nur einige der Möglichkeiten, um eine erfolgreiche mobile Kampagne durchzuführen. Stellen Sie sicher, dass Ihre Kampagne auf Ihre Zielgruppe zugeschnitten ist und eine klare Botschaft vermittelt, um die bestmöglichen Ergebnisse zu erzielen.

Best Practices für Mobile-Marketing im Immobilienbereich

Mobile-Marketing hat in den letzten Jahren stark zugenommen und ist mittlerweile zu einem wichtigen Bestandteil des digitalen Marketings geworden. Im Immobilienbereich gibt es viele Möglichkeiten, das Potenzial von Mobile-Marketing auszuschöpfen. Hier sind einige Best Practices für Mobile-Marketing im Immobilienbereich:

Digitales Marketing für Immobilienunternehmen

1. Mobile-optimierte Website

Eine mobile-optimierte Website ist heutzutage unerlässlich. Die meisten Menschen suchen auf ihren mobilen Geräten nach Informationen über Immobilien. Eine Website, die nicht für mobile Geräte optimiert ist, kann potentielle Kunden verlieren. Stellen Sie sicher, dass Ihre Website für mobile Geräte optimiert ist und dass sie einfach zu navigieren ist.

2. Mobile Apps

Eine mobile App kann den Kunden ein besseres Nutzererlebnis bieten als eine mobile Website. Mit einer App können Sie Ihren Kunden personalisierte Angebote und Informationen bereitstellen. Eine App kann auch als effektives Marketinginstrument dienen, indem sie die Kundenbindung und -interaktion fördert.

3. SMS-Marketing

SMS-Marketing ist eine schnelle und effektive Möglichkeit, um Kunden zu erreichen. Mit einer gut geplanten SMS-Kampagne können Sie Ihre Zielgruppe direkt ansprechen und Angebote oder Informationen über Immobilien bereitstellen.

Digitales Marketing für Immobilienunternehmen

4. **Standortbasiertes Marketing**

Standortbasiertes Marketing ermöglicht es Ihnen, Kunden in der Nähe Ihrer Immobilien anzusprechen. Durch die Verwendung von Geotargeting-Technologie können Sie Kunden in der Nähe Ihrer Immobilien mit relevanten Angeboten und Informationen ansprechen.

5. **Mobile Video-Marketing**

Mobile Video-Marketing ist eine effektive Möglichkeit, um Kunden anzusprechen und zu informieren. Mit kurzen, informativen Videos können Sie potenzielle Kunden über Ihre Immobilien informieren und ihnen einen Einblick in Ihre Angebote geben.

6. **Mobiles Social-Media-Marketing**

Mobiles Social-Media-Marketing ist ein wichtiger Bestandteil des digitalen Marketings. Durch die Verwendung von Social-Media-Plattformen wie Facebook, Instagram und Twitter können Sie potenzielle Kunden auf Ihre Immobilien aufmerksam machen und mit ihnen in Kontakt treten.

Fazit

Mobile-Marketing bietet eine Vielzahl von Möglichkeiten, um potenzielle Kunden anzusprechen und zu informieren. Eine gut geplante und durchdachte Mobile-Marketing-Strategie kann dazu beitragen, dass Ihr

Sebastian Römischer

Digitales Marketing für Immobilienunternehmen

Immobilienunternehmen erfolgreich ist und Ihre Zielgruppe erreicht. Stellen Sie sicher, dass Sie die oben genannten Best Practices für Mobile-Marketing im Immobilienbereich berücksichtigen, um das volle Potenzial von Mobile-Marketing auszuschöpfen.

Webanalyse

Einführung in Webanalyse

Webanalyse ist ein wichtiger Bestandteil des digitalen Marketings und spielt eine wichtige Rolle bei der Bewertung und Optimierung von Websites. Es handelt sich um die Analyse von Daten, die durch den Einsatz von Tracking-Tools auf der Website gesammelt werden. Diese Daten werden anschließend genutzt, um die Performance der Website zu verbessern und die Marketingstrategie anzupassen.

Die Webanalyse umfasst verschiedene Aspekte der Website-Performance, einschließlich der Benutzererfahrung, der Conversion-Rate und dem Traffic. Die Analyse dieser Faktoren hilft dabei, das Verhalten der Besucher auf der Website zu verstehen und ihre Bedürfnisse besser zu erfüllen.

Um eine erfolgreiche Webanalyse durchzuführen, ist es wichtig, die richtigen Tools zu verwenden. Es gibt eine Vielzahl von Tools auf dem Markt, die dabei helfen, Daten zu sammeln und zu analysieren. Google

Digitales Marketing für Immobilienunternehmen

Analytics ist eines der am häufigsten verwendeten Tools und bietet eine umfassende Analyse der Website-Performance.

Die Analyse von Daten aus der Webanalyse kann dazu beitragen, die Marketingstrategie zu optimieren. Durch die Analyse von Daten wie den Seitenaufrufen, der Verweildauer auf der Website und der Absprungrate können Marketingkampagnen gezielter gestaltet und die Website verbessert werden.

Die Webanalyse ist auch ein wichtiger Bestandteil der Suchmaschinenoptimierung (SEO). Durch die Analyse von Daten wie den Keywords, die auf der Website verwendet werden, können Unternehmen ihre SEO-Strategie anpassen und ihre Website auf bestimmte Keywords optimieren.

Fazit

Insgesamt ist die Webanalyse ein wichtiger Bestandteil des digitalen Marketings und kann dazu beitragen, die Performance der Website zu verbessern und die Marketingstrategie anzupassen. Unternehmen sollten sich bemühen, die richtigen Tools zu verwenden und die Daten sorgfältig zu analysieren, um die gewünschten Ergebnisse zu erzielen.

Sebastian Römischer

Digitales Marketing für Immobilienunternehmen

Warum Webanalyse wichtig ist für Immobilienunternehmen

In der heutigen digitalen Welt ist es für Immobilienunternehmen von entscheidender Bedeutung, ihre Online-Präsenz zu optimieren, um potenzielle Kunden zu erreichen und zu binden. Eine wichtige Methode zur Verbesserung des Online-Marketings ist die Webanalyse.

Webanalyse ist ein Prozess, bei dem Daten über die Nutzung einer Website gesammelt und analysiert werden. Mit Hilfe von Webanalyse-Tools können Immobilienunternehmen wichtige Informationen darüber erhalten, wie Besucher auf ihre Website gelangen, was sie auf der Website tun und wie lange sie auf der Seite bleiben. Diese Daten sind von unschätzbarem Wert, da sie Immobilienunternehmen dabei helfen können, ihre Marketingstrategien zu verbessern und ihre Online-Präsenz zu optimieren.

Durch die Analyse von Web-Daten können Immobilienunternehmen herausfinden, welche Marketingkanäle am erfolgreichsten sind. Sie können sehen, welche Keywords und Suchbegriffe am häufigsten verwendet werden, um ihre Website zu finden, und diese Informationen nutzen, um ihre Suchmaschinenoptimierung (SEO) zu optimieren. Darüber hinaus können sie die Interessen und Verhaltensweisen ihrer Zielgruppe besser verstehen, um ihre Marketingbotschaften entsprechend anzupassen.

Sebastian Römischer

Digitales Marketing für Immobilienunternehmen

Die Webanalyse kann auch Immobilienunternehmen dabei helfen, ihre Website zu verbessern, indem sie herausfinden, welche Seiten am häufigsten besucht werden und welche Inhalte am meisten Interesse wecken. Mit diesen Informationen können sie ihre Website neu gestalten und ihre Inhalte verbessern, um die Benutzererfahrung zu optimieren und die Konversionsrate zu erhöhen.

Ein weiterer wichtiger Vorteil der Webanalyse ist die Möglichkeit, die Effektivität von Werbekampagnen zu messen. Immobilienunternehmen können herausfinden, welche Anzeigen am erfolgreichsten sind und welche nicht, um ihre Marketingbudgets effektiver zu nutzen und ihre Kampagnen zu optimieren.

Fazit

Insgesamt ist die Webanalyse ein unverzichtbares Werkzeug für Immobilienunternehmen, die ihre Online-Präsenz verbessern und erfolgreiches digitales Marketing betreiben wollen. Durch die Nutzung von Webanalyse-Tools können sie wertvolle Informationen über ihre Zielgruppe und deren Verhalten sammeln, um ihre Marketingstrategien zu optimieren und ihre Konversionsraten zu erhöhen.

Sebastian Römischer

Digitales Marketing für Immobilienunternehmen

Tools und Metriken für die Webanalyse von Immobilienunternehmen

Die Webanalyse ist ein wichtiger Bestandteil des digitalen Marketings für Immobilienunternehmen. Mit der Analyse von Daten können Unternehmen die Effektivität ihrer Online-Marketingaktivitäten messen und verbessern. In diesem Kapitel werden einige der wichtigsten Tools und Metriken für die Webanalyse von Immobilienunternehmen vorgestellt.

Google Analytics

Google Analytics ist ein kostenloses Webanalyse-Tool von Google. Es ermöglicht Unternehmen, Daten über ihre Website-Besucher zu sammeln und zu analysieren. Mit Google Analytics können Immobilienunternehmen wichtige Kennzahlen wie die Anzahl der Besucher, die Verweildauer auf der Website, die Absprungrate und die Conversion-Rate messen. Darüber hinaus bietet Google Analytics auch Funktionen wie die Segmentierung von Besuchern und die Verfolgung von Zielvorhaben.

Heatmaps

Eine Heatmap ist eine visuelle Darstellung der Aktivität von Website-Besuchern. Mit einer Heatmap können Immobilienunternehmen sehen, welche Bereiche ihrer Website von Besuchern am stärksten genutzt werden. Dies kann Unternehmen helfen, ihre Website zu optimieren, um die Benutzererfahrung zu verbessern und die Conversion-Rate zu erhöhen.

Sebastian Römischer

Digitales Marketing für Immobilienunternehmen

Keyword-Analyse

Die Keyword-Analyse ist ein wichtiger Bestandteil der Suchmaschinenoptimierung (SEO). Mit einer Keyword-Analyse können Immobilienunternehmen herausfinden, welche Keywords von potenziellen Kunden bei der Suche nach Immobilien verwendet werden. Auf dieser Grundlage können Unternehmen ihre Website-Inhalte optimieren, um bei Suchmaschinenergebnissen höher zu ranken.

Social-Media-Analyse

Die Social-Media-Analyse hilft Immobilienunternehmen zu verstehen, wie ihre Social-Media-Kampagnen und -Aktivitäten von ihrer Zielgruppe aufgenommen werden. Mit der Social-Media-Analyse können Unternehmen Daten wie Engagement-Rate, Reichweite und Anzahl der Follower messen. Diese Daten können verwendet werden, um zukünftige Social-Media-Strategien zu optimieren.

Fazit

Die Webanalyse ist ein wichtiger Bestandteil des digitalen Marketings für Immobilienunternehmen. Mit den richtigen Tools und Metriken können Unternehmen die Effektivität ihrer Online-Marketingaktivitäten messen und verbessern. Google Analytics, Heat Maps, Keyword-Analyse und Social-Media-Analyse sind nur einige der wichtigsten Tools und Metriken für die Webanalyse von Immobilienunternehmen.

Sebastian Römischer

Digitales Marketing für Immobilienunternehmen

Interpretation und Nutzung von Webanalyse-Daten für Immobilienunternehmen

Die Interpretation und Nutzung von Webanalyse-Daten für Immobilienunternehmen ist ein wichtiger Aspekt für das digitale Marketing. Die Analyse von Daten aus verschiedenen Online-Kanälen ermöglicht es, den Erfolg von Marketingaktivitäten zu messen und zu optimieren. Die Verwendung von Webanalyse-Tools wie Google Analytics oder Piwik ist ein Muss für jedes Immobilienunternehmen, das im digitalen Zeitalter erfolgreich sein will.

Eine der wichtigsten Interpretationen von Webanalyse-Daten für Immobilienunternehmen ist die Analyse des Besucherverhaltens auf der Website. Durch die Analyse der Besucherströme, der Verweildauer auf der Website und der Absprungrate können Immobilienunternehmen feststellen, welche Seiten auf ihrer Website am erfolgreichsten sind und welche optimiert werden müssen. Dies hilft, die Website-Besucher effektiver zu erreichen und letztendlich den Umsatz zu steigern.

Ein weiterer wichtiger Aspekt der Webanalyse ist die Analyse der Quellen des Website-Verkehrs. Immobilienunternehmen können analysieren, welche Kanäle am meisten Traffic auf ihre Website bringen, sei es über organische Suchergebnisse, bezahlte Werbung oder Social-Media-Plattformen. Dies hilft, die Marketingstrategie zu optimieren und das Budget effektiver zu nutzen.

Sebastian Römischer

Digitales Marketing für Immobilienunternehmen

Neben der Analyse der Quellen des Website-Verkehrs können Immobilienunternehmen auch die Leistung von Online-Kampagnen messen. Durch die Verwendung von Tracking-Codes können sie feststellen, wie viele Besucher über eine bestimmte Anzeige auf ihre Website gelangt sind und wie viele davon letztendlich zu Kunden wurden. Dies hilft, zukünftige Kampagnen zu optimieren und das Budget effektiver zu nutzen.

Die Interpretation von Webanalyse-Daten ist jedoch nur der erste Schritt. Immobilienunternehmen müssen die gewonnenen Erkenntnisse auch nutzen, um ihre Marketingstrategie zu optimieren. Eine kontinuierliche Analyse und Optimierung ist erforderlich, um im hart umkämpften Immobilienmarkt erfolgreich zu sein.

Fazit

Insgesamt ist die Interpretation und Nutzung von Webanalyse-Daten für Immobilienunternehmen von entscheidender Bedeutung für den Erfolg im digitalen Zeitalter. Immobilienunternehmen sollten sich bemühen, die Möglichkeiten von Webanalyse-Tools voll auszuschöpfen, um ihre Marketingstrategie zu optimieren und letztendlich den Umsatz zu steigern.

Best Practices für die Webanalyse im Immobilienbereich

Webanalyse ist ein wichtiger Bestandteil des digitalen Marketings und kann dazu beitragen, den ROI zu steigern und die Effektivität Ihrer Online-Marketing-Kampagnen zu messen. Insbesondere im

Digitales Marketing für Immobilienunternehmen

Immobilienbereich kann die Webanalyse dazu beitragen, die Bedürfnisse Ihrer Zielgruppe besser zu verstehen und Ihre Marketingstrategie entsprechend anzupassen. Hier sind einige bewährte Best Practices für die Webanalyse im Immobilienbereich:

1. **Verwenden Sie ein Webanalyse-Tool**

Ein Webanalyse-Tool ist ein unverzichtbares Instrument, um das Verhalten Ihrer Website-Besucher zu analysieren. Es gibt viele kostenfreie und kostenpflichtige Optionen wie Google Analytics, die Ihnen helfen können, die Leistung Ihrer Website zu messen und das Verhalten Ihrer Besucher zu verfolgen.

2. **Definieren Sie Ihre Ziele**

Bevor Sie mit der Webanalyse beginnen, müssen Sie Ihre Ziele klären. Möchten Sie mehr Traffic auf Ihrer Website generieren oder mehr Leads sammeln? Oder möchten Sie herausfinden, welche Inhalte auf Ihrer Website am beliebtesten sind? Klare Ziele helfen Ihnen, die richtigen Daten zu sammeln und Ihre Strategie entsprechend anzupassen.

3. **Verfolgen Sie Ihre Conversions**

Conversions sind der Schlüssel zum Erfolg im Immobilienbereich. Es ist wichtig zu verstehen, welche Aktionen auf Ihrer Website zu Conversions führen und welche nicht. Ein Webanalyse-Tool kann Ihnen helfen, diese

Digitales Marketing für Immobilienunternehmen

Daten zu sammeln und zu verstehen, welche Elemente auf Ihrer Website am besten funktionieren.

4. Analysieren Sie Ihre Besucher

Die Analyse Ihrer Besucher kann Ihnen helfen, die Bedürfnisse und Interessen Ihrer Zielgruppe besser zu verstehen. Dazu gehören Informationen wie Standort, Alter, Geschlecht, Interessen und Verhaltensweisen. Diese Daten können Ihnen helfen, Ihre Marketingstrategie anzupassen und Ihre Zielgruppe besser anzusprechen.

5. Verfolgen Sie Ihre Marketing-Kampagnen

Es ist wichtig, den Erfolg Ihrer Marketing-Kampagnen zu messen und zu verstehen, welche Kampagnen am besten funktionieren. Ein Webanalyse-Tool kann Ihnen helfen, die Leistung Ihrer Kampagnen zu messen und zu verstehen, welche Kanäle am besten funktionieren.

Fazit

Zusammenfassend lässt sich sagen, dass die Webanalyse im Immobilienbereich ein unverzichtbares Instrument ist, um den Erfolg Ihrer Online-Marketing-Kampagnen zu messen und Ihre Strategie entsprechend anzupassen. Durch die Verwendung bewährter Best Practices können Sie sicherstellen, dass Sie die richtigen Daten sammeln und analysieren, um

Sebastian Römischer

Digitales Marketing für Immobilienunternehmen

Ihre Ziele zu erreichen und Ihre Zielgruppe besser zu verstehen.

Zusammenfassung

In der heutigen digitalen Welt ist es für Immobilienunternehmen von großer Bedeutung, ihre Marketingstrategien an die veränderten Bedürfnisse und Erwartungen der Kunden anzupassen. Digitales Marketing bietet dabei zahlreiche Möglichkeiten, um erfolgreich am Markt zu agieren.

Social-Media-Marketing ist eine effektive Möglichkeit, um mit Kunden in Kontakt zu treten und eine starke Online-Präsenz aufzubauen. Durch regelmäßige und ansprechende Inhalte können Unternehmen ihre Zielgruppe erreichen und sich als Experten in der Branche positionieren.

Suchmaschinenoptimierung (SEO) ist ein weiterer wichtiger Bestandteil des digitalen Marketings. Durch gezielte Maßnahmen können Unternehmen ihre Website auf den vorderen Plätzen der Suchergebnisse platzieren und somit mehr Traffic generieren.

E-Mail-Marketing ist eine kostengünstige Methode, um Kunden mit personalisierten und relevanten Inhalten zu erreichen. Dabei sollten jedoch Datenschutz und Einwilligung der Empfänger stets beachtet werden.

Sebastian Römischer

Digitales Marketing für Immobilienunternehmen

Influencer-Marketing ist eine immer beliebter werdende Methode, um die Zielgruppe auf eine authentische und glaubwürdige Weise zu erreichen. Durch die Zusammenarbeit mit Influencern können Unternehmen ihre Reichweite erhöhen und neue Kunden gewinnen.

Content-Marketing ist ein weiteres wichtiges Instrument, um Kunden zu gewinnen und zu binden. Durch hochwertige und informative Inhalte können Unternehmen ihre Expertise unter Beweis stellen und Vertrauen aufbauen.

Online-PR ist ein effektiver Weg, um die Sichtbarkeit und Reputation des Unternehmens zu verbessern. Durch die Veröffentlichung von Pressemitteilungen und die Zusammenarbeit mit Online-Medien können Unternehmen ihre Marke stärken.

Affiliate-Marketing ist eine Möglichkeit, um durch Partnerschaften mit anderen Unternehmen neue Kunden zu gewinnen. Durch die Vermittlung von Produkten oder Dienstleistungen können beide Seiten profitieren.

Video-Marketing ist eine immer beliebter werdende Methode, um Kunden zu erreichen. Durch die Verwendung von Video-Inhalten können Unternehmen ihre Botschaft auf eine unterhaltsame und ansprechende Weise vermitteln.

Mobile-Marketing ist besonders wichtig, da immer mehr Menschen ihre mobilen Geräte für die Suche nach Immobilien nutzen. Durch die

Sebastian Römischer

Digitales Marketing für Immobilienunternehmen

Optimierung der Website für mobile Geräte und die Verwendung von Push-Benachrichtigungen können Unternehmen ihre Reichweite erhöhen.

Webanalyse ist ein wichtiger Bestandteil des digitalen Marketings, da Unternehmen so ihre Aktivitäten im Netz messen und optimieren können. Durch die Verwendung von Analyse Tools können Unternehmen ihre Marketingstrategien an die Bedürfnisse ihrer Zielgruppe anpassen und somit erfolgreicher am Markt agieren.

Ausblick auf die Zukunft des digitalen Marketings im Immobilienbereich

Das digitale Marketing hat sich in den letzten Jahren stark weiterentwickelt und wird auch in Zukunft eine bedeutende Rolle im Immobilienbereich spielen. Die zunehmende Digitalisierung und die wachsende Bedeutung des Internets als Informations- und Kommunikationskanal machen digitales Marketing für Immobilienunternehmen unverzichtbar. Im Folgenden werfen wir einen Blick auf die wichtigsten Trends und Entwicklungen im digitalen Marketing für Immobilienunternehmen.

Social-Media-Marketing

Social-Media-Marketing wird auch in Zukunft eine wichtige Rolle im digitalen Marketing für Immobilienunternehmen spielen. Insbesondere Instagram und Facebook bieten eine ideale Plattform, um Immobilien zu

Digitales Marketing für Immobilienunternehmen

präsentieren und potenzielle Kunden anzusprechen. Eine gezielte Ansprache der Zielgruppe und eine ansprechende Gestaltung der Inhalte sind hierbei entscheidend.

Suchmaschinenoptimierung (SEO)

Eine gute Platzierung in den Suchmaschinenergebnissen ist für Immobilienunternehmen von großer Bedeutung. Eine gezielte Suchmaschinenoptimierung (SEO) kann dazu beitragen, dass die Website des Immobilienunternehmens besser gefunden wird. Hierbei spielen neben der Optimierung der Website auch eine gezielte Keyword-Recherche und die Erstellung von hochwertigen Inhalten eine wichtige Rolle.

E-Mail-Marketing

E-Mail-Marketing wird auch in Zukunft ein wichtiger Baustein im digitalen Marketing für Immobilienunternehmen bleiben. Eine gezielte Ansprache der Zielgruppe und die Bereitstellung von relevanten Inhalten sind hierbei entscheidend. Personalisierte E-Mails und Automatisierungsprozesse können dazu beitragen, dass Kundenbindung und -gewinnung effektiver gestaltet werden.

Influencer-Marketing

Influencer-Marketing bietet auch für Immobilienunternehmen eine interessante Möglichkeit, um die Zielgruppe anzusprechen. Durch die

Sebastian Römischer

Digitales Marketing für Immobilienunternehmen

Zusammenarbeit mit Influencern können Immobilienunternehmen ihre Reichweite erhöhen und potenzielle Kunden auf sich aufmerksam machen. Dabei sollte jedoch darauf geachtet werden, dass die Zusammenarbeit authentisch und glaubwürdig ist.

Content-Marketing

Content-Marketing wird auch in Zukunft eine wichtige Rolle im digitalen Marketing für Immobilienunternehmen spielen. Durch die Bereitstellung hochwertiger Inhalte können Immobilienunternehmen das Interesse potenzieller Kunden wecken und ihre Expertise unter Beweis stellen. Hierbei sollten insbesondere Video-Inhalte und interaktive Formate in Betracht gezogen werden.

Online-PR

Online-PR bietet Immobilienunternehmen die Möglichkeit, ihre Reichweite zu erhöhen und potenzielle Kunden auf sich aufmerksam zu machen. Eine gezielte Platzierung von Pressemitteilungen und Gastbeiträgen auf relevanten Online-Plattformen kann dazu beitragen, dass das Unternehmen als Experte wahrgenommen wird.

Affiliate-Marketing

Affiliate-Marketing bietet auch für Immobilienunternehmen eine interessante Möglichkeit, um potenzielle Kunden zu gewinnen. Durch die

Digitales Marketing für Immobilienunternehmen

Zusammenarbeit mit Partnern können Immobilienunternehmen ihre Reichweite erhöhen und ihre Produkte und Dienstleistungen einem breiteren Publikum präsentieren.

Mobile-Marketing

Mobile-Marketing wird auch in Zukunft eine wichtige Rolle im digitalen Marketing für Immobilienunternehmen spielen. Insbesondere die Optimierung der Website für mobile Endgeräte und die Entwicklung von eigenen Apps bieten hierbei interessante Möglichkeiten, um die Zielgruppe anzusprechen.

Webanalyse

Eine gezielte Webanalyse ist für Immobilienunternehmen von großer Bedeutung, um den Erfolg ihrer digitalen Marketingmaßnahmen zu messen und zu optimieren. Durch die Auswertung von Daten können Schwachstellen identifiziert und neue Potenziale aufgedeckt werden.

Fazit

Das digitale Marketing bietet für Immobilienunternehmen eine Vielzahl an Möglichkeiten, um potenzielle Kunden anzusprechen und neue Geschäftschancen zu generieren. Eine gezielte Strategie und eine kontinuierliche Optimierung sind hierbei entscheidend, um langfristigen Erfolg zu sichern.

Sebastian Römischer

Anhang

Glossar

In diesem Abschnitt werden einige der wichtigsten Begriffe und Abkürzungen erläutert, die im Kontext des Digitales Marketing für Immobilienunternehmen verwendet werden.

1. **Digital Marketing**: Die Verwendung digitaler Kanäle wie Websites, E-Mails, Suchmaschinen und sozialen Medien zur Förderung von Produkten und Dienstleistungen.

2. **Suchmaschinenoptimierung (SEO)**: Eine Strategie zur Verbesserung der Sichtbarkeit von Websites in Suchmaschinenergebnissen.

3. **Social-Media-Marketing**: Die Verwendung sozialer Medienplattformen wie Facebook, Twitter, Instagram und LinkedIn zur Vermarktung von Produkten und Dienstleistungen.

4. **E-Mail-Marketing**: Eine Art von Direktmarketing, bei der E-Mails zur Förderung von Produkten und Dienstleistungen an potenzielle Kunden gesendet werden.

Digitales Marketing für Immobilienunternehmen

5. **Content-Marketing**: Eine Marketingstrategie, bei der nützlicher, relevanter und ansprechender Inhalt erstellt wird, um Kunden anzuziehen und zu binden.

6. **Affiliate-Marketing**: Eine Marketingmethode, bei der Unternehmen Partner einbeziehen, die Werbung für ihre Produkte und Dienstleistungen machen und eine Provision für jeden erzielten Verkauf erhalten.

7. **Online-PR**: Eine Methode zur Förderung von Marken und Produkten durch Online-Veröffentlichungen.

8. **Conversion-Optimierung**: Eine Strategie zur Verbesserung der Konversionsrate einer Website, indem die Besucher in Kunden umgewandelt werden.

9. **Mobile Marketing**: Eine Art von Marketing, bei der mobile Geräte wie Smartphones und Tablets zum Einsatz kommen.

10. **Video-Marketing**: Eine Marketingstrategie, bei der Videos zur Förderung von Produkten und Dienstleistungen verwendet werden.

11. **Webanalyse**: Ein Prozess zur Überwachung, Messung und Analyse von Website-Daten, um die Leistung und Effektivität von Marketingkampagnen zu beurteilen.

Digitales Marketing für Immobilienunternehmen

Fazit

Diese Begriffe und Abkürzungen sind wesentlich für die erfolgreiche Umsetzung von digitalem Marketing für Immobilienunternehmen. Durch die Kenntnis dieser Begriffe und deren Bedeutung können Unternehmen effektivere Marketingstrategien entwickeln und umsetzen, um mehr Kunden zu gewinnen und ihr Geschäft auszubauen.

Quellenverzeichnis

In diesem Kapitel finden Sie eine Zusammenstellung von Quellen, die wir für die Erstellung dieses Buches genutzt haben. Es handelt sich dabei um eine Auswahl an Fachbüchern, Studien, Online-Ressourcen und Expertenmeinungen, die sowohl für die Konzeption als auch für die Umsetzung von Social-Media-Marketing-Kampagnen relevant sind.

Fachbücher:

- "**Social-Media-Marketing: An Hour a Day**"
  von Dave Evans
- "**The Art of Social Media: Power Tips for Power Users**"
  von Guy Kawasaki und Peg Fitzpatrick
- "**Online-Marketing für die erfolgreiche Arztpraxis**"
  von Hajo Rauschhofer
- "**Content Marketing: So finden die besten Kunden zu Ihnen**"
  von Mirko Lange

Sebastian Römischer

Digitales Marketing für Immobilienunternehmen

- "E-Mail-Marketing: Das umfassende Praxis-Handbuch"
  von Torsten Schwarz

Studien:

- "Social Media Nutzung in Deutschland 2020"
  von Hootsuite und We Are Social
- "Digitalisierungsindex Mittelstand 2020-2021"
  von Deloitte und Bitkom
- "E-Mail-Marketing-Benchmarks 2020"
  von Mailchimp
- "Mobile Nutzung in Deutschland 2020"
  von Statista

Online-Ressourcen:

- **Social Media Examiner** (www.socialmediaexaminer.com)
- **Hubspot** (www.hubspot.de)
- **Search Engine Journal** (www.searchenginejournal.com)
- **Online Marketing Rockstars** (www.onlinemarketingrockstars.de)
- **Neil Patel** (www.neilpatel.com)

Expertenmeinungen:

- **Convince & Convert** von Jay Baer (www.convinceandconvert.com)
- **Buffer** von Joel Gascoigne (www.buffer.com)

Sebastian Römischer

Digitales Marketing für Immobilienunternehmen

- **Moz** von Rand Fishkin (www.moz.com)
- **Hubspot** von Brian Halligan und Dharmesh Shah (www.hubspot.de)

Fazit

Diese Quellen sind nur eine kleine Auswahl an Möglichkeiten, um sich über Social-Media-Marketing und dessen Umsetzung zu informieren. Wir empfehlen, regelmäßig Fachliteratur zu lesen, an Webinaren teilzunehmen und sich von Experten beraten zu lassen, um stets auf dem neuesten Stand zu bleiben und erfolgreiches Social-Media-Marketing zu betreiben.

Digitales Marketing für Immobilienunternehmen

Hier sind noch drei weitere Bücher von mir:

Römischer: Mentaltraining & Coaching

Wenn Du Dich fragst, - wie Du mehr Motivation und Ausdauer in Deinem Leben finden und integrieren kannst - wie Du mit wenig oder sogar ohne Budget nützliche und sofort umsetzbare Tipps und Ratschläge bekommst - wie Du Deine knappe Zeit besser einteilen kannst - wie Du ein einfacheres und besseres Leben führen kannst - wie Du einen neuen Weg finden und gestalten kannst dann bist Du bei mir genau richtig.

Mein Motto:
"Denke und handle immer so, wie Du selbst bereit bist, zu empfangen!"

Mein Credo:
"Wenn Du immer nur das tust, was Du bisher getan hast, wird alles so bleiben wie bisher, aber wenn Du etwas anderes willst als bisher, dann wach auf und tue etwas Neues!"

Sebastian Römischer

Digitales Marketing für Immobilienunternehmen

Mit Willenskraft und etwas Ausdauer zu mehr Lebensqualität: Ich zeige Dir, wie Du aus eigener Kraft und mit meiner Unterstützung Dein Leben wieder in den Griff bekommst und langfristig meisterst.

[Werde, der Du sein willst!:
So erreichst Du es GARANTIERT!](#)

Wir tun so viele Dinge im Leben, die uns eigentlich mehr schaden als nützen, die uns massiv gegen den Strich gehen und wir fühlen uns dabei auch noch unwohl. Aber warum tun wir das?

Warum besuchen wir Verwandte, die wir gar nicht mögen? Warum holen wir alte, verstaubte Sachen aus dem Keller, wenn Onkel Fritz mal wieder zu Besuch kommt und wir sein Hochzeitsgeschenk einlösen wollen oder müssen?

Warum gehen wir weiter unserer Arbeit nach, die uns ohnehin nur Bauchschmerzen bereitet? Warum essen und trinken wir Dinge, die uns nicht schmecken? Warum vergeuden wir unsere kostbare Zeit in belanglosen Social-Media-Portalen, die uns nichts bringen?

Sebastian Römischer

Digitales Marketing für Immobilienunternehmen

Warum hören wir uns immer wieder langweilige Geschichten von langweiligen Menschen an? Warum?

Unser Leben könnte so viel besser und qualitativ hochwertiger sein, wenn wir endlich aufräumen würden. Denken wir nur daran, wie viel Lebenszeit wir sparen und für andere nützliche und schöne Dinge verwenden könnten. Was hält uns davon ab? Wir leben in Zwängen und vermeintlichen gesellschaftlichen Verpflichtungen. Warum sagen wir nicht ehrlich: „Nein, das will ich nicht mehr. Ich mag den Gegenstand überhaupt nicht und ich will nicht mehr mit Menschen zu tun haben, die mir sowieso nur auf die Nerven gehen!" Wir haben nicht den Mut, die Wahrheit zu sagen und sie unseren Mitmenschen ins Gesicht zu sagen. Wir sind auf Harmonie aus - und schaden uns damit nur selbst. Auf der einen Seite haben wir die Faust in der Tasche, auf der anderen Seite fressen wir den Ärger in uns hinein.

Stattdessen könnte es uns gut tun, aufzuräumen. Wir gewinnen Zeit für die schönen Dinge im Leben, die wir stattdessen tun könnten. Nimm Dir endlich Zeit für das, was Dir wirklich Spaß macht: vielleicht ein Buch lesen, einen Spaziergang machen oder mal wieder einen spannenden Film anschauen. Damit tust Du viel für Dein eigenes Wohlbefinden und quälst Dich nicht länger mit Zwängen. Begreife endlich, dass es Dein Leben ist, das Du selbst und frei bestimmen kannst. Räume endlich auf, lass Ballast fallen und schaffe Dir neue Freiräume.

Sebastian Römischer

Digitales Marketing für Immobilienunternehmen

Wie das geht, verrate ich Dir in diesem eBook mit vielen nützlichen Ansätzen und Tipps. Auf jeden Fall hast Du den ersten wichtigen Schritt getan, endlich einmal darüber nachzudenken, was in Deinem Leben bisher schief gelaufen ist. Das ist ein guter Weg, den Du jetzt konsequent weitergehen solltest. Denn in Deinem Bauch rumort es schon lange. Dieses ungute Gefühl kannst Du loslassen. Denn Du brauchst ein neues Selbst- und Zeitmanagement in Deinem Leben. Deine Lebensschubladen sind überfüllt und müssen endlich aufgeräumt und neu sortiert werden. Du wirst schnell merken, dass Deine Lebensqualität dadurch steigt.

Zum Aufräumen ist es nie zu spät, aber fang endlich damit an. Oder willst Du Dich weiter durchs Leben quälen? Du wirst an allen Ecken und Enden merken, dass es hinten und vorne nicht in Deine Zeit passt. Natürlich gehört auch eine Portion Disziplin dazu. Du musst Dich trennen können - von schlechten Gewohnheiten, von sinnlosen Tätigkeiten, von unliebsamen Menschen, manchmal sogar von Deinem Partner. Das erfordert mutige Entscheidungen, die sich am Ende aber wirklich lohnen. Glaub mir, ein aufgeräumtes Leben ist wie eine Neugeburt. Du fängst sozusagen noch einmal ganz von vorne an. Ist das nicht eine verlockende Aussicht? Also pack an und werde zu dem, der du sein willst!

Sebastian Römischer

Digitales Marketing für Immobilienunternehmen

[Social-Media-Marketing für Reiseagenturen: Mehr Kunden gewinnen](#)

In diesem Buch haben wir uns mit dem Thema Social-Media-Marketing für Reiseagenturen beschäftigt. Dabei haben wir verschiedene Aspekte beleuchtet, die für eine erfolgreiche Umsetzung dieser Marketing-Strategie von Bedeutung sind. Im Folgenden fassen wir die wichtigsten Erkenntnisse zusammen.

Zunächst haben wir uns mit den Grundlagen des Social-Media-Marketings auseinandergesetzt.

Wir haben erklärt, was Social-Media bedeutet, wie es funktioniert und welche Plattformen relevant sind. Dabei haben wir betont, dass es wichtig ist, die Zielgruppe genau zu kennen und die richtigen Kanäle zu wählen.

Ein wichtiger Faktor für den Erfolg von Social-Media-Marketing ist die Suchmaschinenoptimierung (SEO). Wir haben gezeigt, wie man durch gezielte Maßnahmen das Ranking der eigenen Website verbessern kann und welche Rolle Keywords, Backlinks und Content dabei spielen.

Digitales Marketing für Immobilienunternehmen

Social-Media-Marketing umfasst auch den Einsatz von E-Mail-Marketing. Hier haben wir gezeigt, wie man eine effektive E-Mail-Kampagne plant und durchführt. Dabei haben wir betont, dass es wichtig ist, die Zielgruppe genau zu kennen und personalisierte Inhalte zu erstellen.

Content-Marketing ist ein weiterer wichtiger Baustein des Social-Media-Marketings. Wir haben gezeigt, wie man durch hochwertige Inhalte die Zielgruppe erreicht und das Interesse an den eigenen Produkten und Dienstleistungen weckt.

Affiliate-Marketing ist eine Möglichkeit, um die eigene Reichweite zu erhöhen und neue Kunden zu gewinnen. Dabei haben wir gezeigt, wie man gezielt mit Partnern zusammenarbeitet und welche Vorteile diese Kooperationen bieten.

Online-PR ist ein weiterer wichtiger Aspekt des Social-Media-Marketings. Wir haben gezeigt, wie man durch gezielte Maßnahmen die eigene Marke stärkt und das Vertrauen der Kunden gewinnt.

Conversion-Optimierung ist ein wichtiger Faktor, um aus Interessenten auch tatsächlich Kunden zu machen. Hier haben wir gezeigt, welche Maßnahmen dabei helfen und wie man durch gezielte A/B-Tests die Conversion-Rate verbessern kann.

Mobile-Marketing und Video-Marketing sind weitere wichtige Bausteine des Social-Media-Marketings. Wir haben gezeigt, wie

Sebastian Römischer

Digitales Marketing für Immobilienunternehmen

man durch gezielte Maßnahmen die Zielgruppe auf mobilen Geräten erreicht und wie man durch hochwertige Videos das Interesse an den eigenen Produkten und Dienstleistungen weckt.

Abschließend haben wir gezeigt, wie man durch gezielte Webanalyse die Wirksamkeit der eigenen Social-Media-Marketing Maßnahmen messen kann. Dabei haben wir betont, dass es wichtig ist, ständig an der Verbesserung der eigenen Marketing-Strategie zu arbeiten.

Insgesamt haben wir gezeigt, dass Social-Media-Marketing ein wichtiger Baustein für den Erfolg von Reiseagenturen ist. Durch gezielte Maßnahmen kann man die Reichweite erhöhen, neue Kunden gewinnen und das Vertrauen der Kunden stärken. Wir hoffen, dass dieses Buch dazu beitragen kann, dass auch Sie erfolgreich im Social-Media-Marketing sind.

Sebastian Römischer